나를 지키는
뻔뻔한 감정의 기술

나를 지키는 뻔뻔한 감정의 기술

초 판 1쇄   2019년 11월 12일

지은이 최민정
펴낸이 류종렬

펴낸곳 미다스북스
총괄실장 명상완
책임편집 이다경
책임진행 박새연 김가영 신은서
본문교정 최은혜 강윤희 정은희

등록 2001년 3월 21일 제2001-000040호
주소 서울시 마포구 양화로 133 서교타워 711호
전화 02) 322-7802~3
팩스 02) 6007-1845
블로그 http://blog.naver.com/midasbooks
전자주소 midasbooks@hanmail.net
페이스북 https://www.facebook.com/midasbooks425

© 최민정, 미다스북스 2019, *Printed in Korea*.

ISBN 978-89-6637-734-3 03190

값 **15,000원**

마음을 갉아먹는 감정으로부터 자유로워지는 법

나를 지키는
뻔뻔한 감정의 기술

최민정 지음

미다스북스

조금 뻔뻔하면 어때,
나는 나를 지킬거야!

\# 나는 경계선 장애인이다.

　정상인의 범주에도 장애인의 범주에도 속하지 않고 사회와 단절되어 살아온 36살 무명 배우이다. 내가 배우가, 그것도 뮤지컬 배우가 되리라고 가슴에 피 못 박으며 믿어왔다. 그 환상 속에 머물고 살았던 작가이자 힐링예술가, 문화기획자다.

　사람들은 나에게 "배우를 하지 마."라고 말했다. 천성이 너무나 내성적이고 마음이 여리기 때문이라고 했다. 나는 그 뜻을 전혀 이해하지 못했고, 이해하려고 노력하지도 않았다. 나는 잘 듣지 못하고 말하는 것도 어려웠다. 정신적으로도 미성숙했다. 사람들을 납득시키려고만 했던 유아적인 사람이었던 것이다. 그러니 아무리 노력해도 연기가 늘지 않았다.

나는 꿈을 찾기 위해 감정이 닿는 곳에 무지막지하게 돌진하며 살았다. 어디를 가든 가서 닥치는 대로 보고 배우며 살아왔다. 그러다 〈한책협〉이라는 곳을 만나 꿈을 머리와 가슴으로 조절했다. 수채화를 그리듯 진정한 꿈을 찾게 되었다.

이 책에 나의 길이 담겨 있다. 어디서든 피는 개망초 꽃. 바람결에 잘 흔들려도 다시 일어서는 그 꽃 같은 나의 길이 다 담겨 있다. 나는 열여덟 살 때 뮤지컬 노래 레슨을 처음 배우기 시작했고 청소년극단 〈낭〉이라는 곳에서 연기도 배웠다. 자꾸 쓰러지고 좀처럼 일어서지 못했던 이유는 내 몸뚱이와 영혼이 엉뚱한 곳에, 심지어 밑빠진 독에 물 붓듯 낭비하며 쓰였기 때문이다. 나는 꿈에 대해 계속 말을 못하다가 혼자 몰래몰래 입시를 치르곤 했다. 어찌 되었든 '배우'가 되고 싶었고 '꿈'을 '사랑'으로 표현을 하고 싶다. 나는 보잘 것 없어도 당돌하게 해내는, 나의 모든 역량으로 무언가를 표현하는 것이 무척이나 즐거운 작가 최민정이다.

나는 '사랑'을 찾다가 '사람들'을 만났다. 꿈이 성숙한 나는 떠오르는 해처럼 뜨는 작가가 되었다. 화분에 물 적시고 사랑을 심고 아픈 상처를 털털 털고, 약 같은 흙을 덮으며 살아온 내 스스로가 어떤 꽃을 피우려고 한다. 이제야 머리가 생기고 무언가를 채우니 지성이 무엇인지를 실가닥만큼씩이라도 알아간다.

작가가 될 수 있게, 정상인으로 살 수 있게 해준 그래서 내 모든 것을 줘도 아깝지 않은 〈한책협〉과 〈미다스북스〉에 머리 숙여 감사드린다. 사회에서 외면 받던 경계선 장애인도 작가로서 책을 읽고 감상하며 글을 쓸 수 있다는 것을 몸소 보여드리고 싶다. 이 초심을 잃지 않고 예쁜 꽃을 피워 보여드리고 싶다.

마지막으로 나를 꽃 피우기 위해 자기 자신이 떨어지는 꽃이 되어버리고 꽃가루처럼 자기 자신을 잃어버리신 우리 어머니 서이순 님. 내가 너무 아파 제대로 돌봐주지 못해 피눈물 같은 하나뿐인 소중한 내 동생 최장희 님. 나로 인해 큰 자극을 받고 초인 같이 사랑해주시는 나의 동반자 임왕섭 스턴트맨 겸 무술 감독님. 모든 것을 알려고 하지 않고 그저 따뜻하게 덮어주시며 남편에게 아내를 제일 사랑해야 한다고 말씀하시는 곱고 고운 마음을 가지신 나의 시어머님.

　세상에 책이 나오면 혼자가 아니라고 말씀하신, 내 꿈에 절대 나오시지 않는 우리 아버지. 무릎을 정중히 꿇고 이 책을 제일 먼저 드리고 싶다. 보고 싶다. 나의 꿈과 천성을 누구보다 이해하고 천천히 꾸준히 오로지 한 길만 가라고 해주셔서 감사하다고 나는 납골당 앞에 이 책을 바치련다.

　나는 스스로 작가의 길을 사랑으로 골랐고, 감정을 꼭꼭 차분히 담고 눌러 조절하며 살포시 내 이야기를 책에 꽃피우려 담은 작가다. 향기 남는 책이었으면 좋겠다. 나는 모두를 사랑하는 작가, 힐링예술가, 기획자로서 영원히 살고 싶다.

　　　　　　　　　　2019년 11월, 아침 일찍 나를 느끼며…….

목차

1장

내 마음은 왜 늘 평화롭지 못할까?

2장

감정 때문에 힘든 이유,
그리고 행복해질 수 있는 이유

3장

나를 지키는 뻔뻔한 감정 조절의 기술

4장

나 자신으로서 살아가기 위한 9가지 원칙

5장

감정을 조절하면 저절로 행복해진다

내 마음은 왜 늘 평화롭지 못할까?

01

별것도 아닌 일에
화내고 불안하고 울고

"나도 알아, 그 정도는!"

'배우'만 될 수 있다면 썩은 동아줄이라도 잡고 싶었다

나는 "배우를 하지 말라."는 소리를 들으면 화가 났다.

화가 쌓이고 쌓여서 터졌던 경험은 내 삶에 습관으로 자리 잡고 있다. 나는 연극영화과를 가기 위해 4수를 했는데, 이 사실에 대해 굉장한 수치심을 가지고 있었다. 때문에 누군가가 알까 늘 노심초사했다. 나는 고3 때 독학을 했지만 재수를 하게 되었고, 3수 끝에 수시로 한양여대 정보

처리과에 합격했다. 1학기는 무사히 다녔지만 2학기 때 연극 〈용서를 넘어선 사랑〉이라는 공연을 올리고 자퇴했다. 그럴 듯한 배우가 될 수 있으면서 엄마가 바라는 4년제 대학에 가고 싶었기 때문이다. 나는 학사 편입을 했고 독학으로 경영학사를 땄다. 아버지는 꼭 그렇게까지 해서 배우를 해야 하나 염려하셨다. 당시 한양여대 담당 백 교수님은 이렇게 말씀하셨다.

"영화배우가 되어라. 꿈은 크게 갖는 거야."

마음이 흔들렸다. 충격적이었다. 나는 사람들의 말 한마디에 이리저리 흔들리는 사람이었다. 누군가가 말을 하면 곧이곧대로 믿었다. 사실 나는 무대에 서는 그 자체만으로도 감사했다. 그런데 백 교수님의 말은 상상조차 할 수 없는 꿈을 주었다. '꿈은 크게 가져야 하는 걸까?'

나는 현재 위치와 외모, 능력 등에 대해서 이상적으로 상상하고 믿었다. 나는 '배우'가 될 수 있다고 믿은 현실 부적응자였다. 나는 재능이 없었다. 그러나 나는 '할 수 있다.'라고 믿으며 어느 날 크고 좋은 배우가 되리라고 확신을 했다.

나는 연기를 사랑하고 무엇보다 간절했다. 그러나 내 주제에 '배우'가 되는 것이 꿈이라 말하기가 싫었다. 사람들이 비웃을까 봐 꿈에 대해 말을 하지 않았다. 나는 자발적으로 가면을 쓰고 다녔다. 솔직하게 말하고 다니면 내가 다치고 죽을 것 같았다.

나는 사람들에게도 대부분 좋은 말과 칭찬만 하는 사람이었다. 나는 늘 엄마에게 칭찬을 받고 컸다. '결과'에 대해 특히 자주 과장하시며 좋다고 칭찬을 자주하셨다. 그 습관이 뼛속 깊이 자리 잡혀 있었다. 나는 다른 사람이 내게 조금이라도 안 좋은 평가를 하면 속으로 벌컥 화를 냈다.

'나도 알아. 그 정도는!'

나는 다른 배우 지망생보다 너무나 부족했다. 더 많이 고통스러워야 '배우'가 될 수 있고 끝없이 노력해야 함을 나는 알고 있었다. 나는 배우가 되려고 노력하느라 나를 돌볼 틈이 없었다. 나는 나를 이해하지 못한 채로 앞으로만 간 사람이었다.

어느 날 나는 지쳤다. '연기'를 하려고 하면 늘 아팠다. 그런데도 안 아픈 척했다. 배우가 되는 것을 꿈이라고 정했기 때문이다. 주변에서 "배우를 왜 하냐?"라는 말들이 난무해도 절대로 듣지 않았다. "배우를 하지 마."라는 말을 듣기 싫어했다. 이런저런 조언들도 듣지 않으니 당연히 연기도 못했다. 연기는 소통이고, 작품을 함께 만들어가는 작업이기 때문이다.

더구나 나는 예민했다. 정말 민감했다. 나는 힘들었고 미쳐버릴 지경이었다. 안 되는 연기를 해내려고 악착같이 버텨서 해냈다. 꾹꾹 참으며 피해를 주지 않으려고 노력했으나 결국 큰 피해를 줬다. 먼저 자기 자신을 알고, 점검하면서 그 다음 단계를 밟았어야 했다. 나는 정말 기본 태도를 갖추지 못했다.

어머니는 시시때때로 내게로 연락을 하신다. 전화는 물론 카카오톡도 장문을 써서 보내신다. 안 보면 수시로 벌컥 불같이 화를 내신다. 내 나이 36세, 정말 내가 해야 할 말을 내가 된 것처럼 본인이 전부 다 하신다. 그 크기만큼 감옥에 갇힌 듯 힘들고 고통스러웠다. 솔직히 죽고 싶었다. 그러나 나는 엄마를 미워하고 증오할 수가 없다. 내가 '큰 사람이 되었으면 좋겠다.'라는 마음을 누구보다 내가 잘 알기 때문이다.

"모두 힘내!"

나도 살아 있고 당신도 살아 있다. 나는 철이 없지만 모든 것에 책임을 진다. 자유에는 책임과 무게가 따른다는 것을 안다. 나는 나의 천성을 알았다. 이제 성인이 되었다. 따뜻하게 내리 쬐는 햇볕이 나의 상처 받았던 영혼을 어루만져준다. 우리는 독립된 인격체로서 벗어나야 한다. 자, 우리 모두 자신으로서 더디더라도 자신을 꼿꼿하게 세우고 우뚝 서자. 우리는 그 자체만으로도 빛나고 소중한 자기 자신이 되는 것이다.

그 어떠한 삶도 존중받고 살아갈 의미가 있다

책 『허공에서 춤추다』에는 13살 아이가 이용당하는 장면이 나온다. 크게 겁에 질려 조종당하는 아이다. 계속해서 실패하고 후회하는 아이가 그려진다. 힘들어서 반년 정도 버틸 수 있다고 한다. 정말 자기 자신의 감정에 빠져 압도당한다. 딱 내 이야기이다. 나는 예전에 연기 독백 중에 비극을 하며 그 감정을 느끼고 다른 사람의 삶을 살았다.

여러분도 혹시 자신의 과거의 '감정'에 갇혀 현실을 못 살고 있는지 더

듣어 보자. 나는 과거에 꿈을 이루지 못했다. 무시 받았던 기억이 앞으로도 지워지지 않을 것이고 나의 영혼을 영원히 괴롭힐 것이다.

그러나 '아. 그때는 그랬구나.' 나를 인정한다. 나를 용서하고 기억은 남고 그 과거의 아픔은 내가 놓아 보내준다. 나는 나를 다독이며 꼭 껴안는다. 점차 그러다 보면 정말 기적 같은 일이 발생한다. 세상이 좋고 세상과 더불어 사는 '나'를 발견하게 된다.

내 주위에는 정신병원을 다녀오거나 마음이 아픈 사람들이 정말 많다. 사람들이 말을 안 해서 그렇지 가정사가 많은 이들이 여기저기 널리고 깔렸다. 나는 평소에 그 이야기를 들을 때마다 대신해서 눈물을 흘렸다.

하늘을 보며 눈물을 집어넣기도 하고 참아가며 공감을 했다. '얼마나 힘드실까?' 아는 할아버지는 슬하에 4남매가 있지만 다 연락을 끊고 지낸다고 한다. '그래. 나는 엄마가 있고, 동생이 있으니깐 감사하는 삶이다.' 내 마음을 숨기고 피눈물을 속으로 밀어 소리 없이 먹는다. 비교하는 것은 나쁘다. 하지만 이렇게라도 위안을 찾으면 내 마음의 평화가 찾아왔다.

어디에서든 만나 마음을 다해 진심 어린 경험을 나누고 싶다. 당신에게 위로만 된다면 이 세상에 존재하는 어떤 방법으로든 들어주고 함께 해주고 싶다.

02

문제는 남도 세상도 아닌 바로 나였다

"내 꿈은 내 가슴이 알아."

나는 나를 알면서도 스스로가 문제 덩어리가 되었다

혼란스러운 시간이었다. 그냥 보라색으로 물들고 싶었다. 나는 내 속으로 하염없이 들어갔다. 바로 죽음의 동굴로 기어 들어가서 한 발짝, 한 발짝을 겨우 사는 것처럼 살았다. 별의별 짓과 별 꼴값을 다했다. 그러지 말고 말을 하지! 왜 말을 못했을까?

나는 분노를 몰랐다. 정확히 말하면 분노했지만, 전혀 다른 것으로 풀어냈다. 나는 인정사정없이 내 몸을 함부로 했다. 연기 선배 중에 "넌 연기를 위해서 어디까지 할 수 있냐?"라고 묻는 사람도 있었다. 속으로 대꾸했다. '난 다 할 수 있어! 다!' 난 머리를 하얗게 탈색을 하고 그 다음으로 보라색을 입혔다. 나는 말을 잃어갔다. 인어공주에게 다리가 생긴 대신 목소리가 사라진 것처럼 말이다. 나는 E무용단 발레 트레이닝 중에 결국에 쓰러지고 말았다.

책 『욱하는 성질 죽이기』에서 설명한다. '폭발적인 분노'를 가진 어린이는 상대적으로 사고의 유연성이 떨어진다고 한다. 새로운 상황에 잘 적응하지 못하고 사회에 적응력도 떨어진다는 것이다. 딱 내가 그랬다. 성격이 급하고 불안감도 높았다. 그래서 이성을 잃어갔다. 연기 과외 선생님도 내가 스물세 살 때 말씀하셨다.

"민정이 너는 연극 치료를 받는 것 같다."

나는 속으로 '아니야. 그렇지 않아.'라며 계속해서 부정했다. 나는 분노가 끓어오를 때마다 풀 곳이 없어서 종종 남이 잘못되었다고 믿었다. 전혀 듣지 않았다. 독백만 했다. 이것은 내 사고의 오류였다. 환상이었을 뿐만 아니라 그냥 스트레스 피해망상 장애자였다.

E무용단에서 발레를 하고 쓰러졌을 때 나는 나를 탓하며 내가 나약하다고 생각했다. 나에게 어떤 문제가 있을까? 분노를 삭이는 것이었다. 그러나 나는 나의 문제를 몰랐다. 화를 못 내고 자꾸 속으로 계속 삭였기 때문이다. 나는 뮤지컬 배우에 집착하면 할수록 내 자신을 더 호되게 다그치고 있었다. 주위에서 다 놀고 있을 때 혼자서 계속 연습을 했다. 연습은 함께 하는 것인데 말이다. 나는 그때 심적으로 불안했다. 몸도 지칠 대로 지치고 즐길 줄을 몰랐다. 뭐 좀 물어보면 나에게 화를 내는 것 같았다. 말은 하지 않고 그냥 닥치는 대로 연습을 했다. 나의 모든 것이 무너졌다. 큰 문제 덩어리였다.

책 『욱하는 나를 멈추고 싶다』의 '다부사 에이코'는 상대에게 짜증이 나도 원망을 들을까 봐 혹은 미움을 살까 봐 말을 못하는 사람이다. '화를 낼까? 말까?' 나처럼 서른여섯 살에 진정한 자기 자신의 목소리를 내고 화도 내본다. 처음으로 원하는 것을 주장한다. 이 책을 쓴 저자의 엄마는 저자에게 공립학교를 가라며 마음대로 진로를 정한다. 학교에 가는 데도 일일이 간섭을 한다. 무슨 말이든 토를 달지 말라는 식으로 명령을 한다. 결국 다부사 에이코는 제일 기초적인, 스스로 크는 마음의 양분을 잃어버리게 된다. 학교에 가서도 엄청나게 무시를 받는다. 그녀는 더욱 상처의 깊은 골이 생기고 습관처럼 툭하면 자기 자신과 부딪힌다. 몇 번이고 반복된 잔소리를 한다. 지칠 대로 지쳐가는 모습이 보인다.

'내가 이상한 것일까?'

나 역시 늘 혼란감에 쌓여 있었다. 올바른 판단을 내리고 싶어도 누구 하나 상의할 사람이 단 한 명도 없었다. 늘 부정적인 생각과 비판을 일삼고 상대를 미워했다. 나는 화풀이 할 데가 없어서 나 자신과 끝없는 대화를 했다. 모든 생각을 자신에게만 몽땅 퍼부었다.

내게는 올바른 판단이 필요했다. 나는 고지식했고 내가 잘못되다는 것을 지금에서야 깨닫는다. 나는 연기를 사랑하지만 그것은 집착이었다. 솔직히 나는 내가 할 수 있는 일은 다 했다. 뭐든 고민했고 도전했고 해냈다. 아니면 과감히 내던져버렸다. 내가 하고 싶고 일, 내가 진정으로 느끼고 오래해야 할 일이 무엇인지 끝없이 찾아다녔다. 내가 문제인지도 모르고 밖으로만 돌았다.

책 『왜 나는 사소한 일에 화를 낼까?』에서는 현실을 인정하지 않는 한 미래가 열리지 않는다고 했다. 나는 바로 그런 사람이었다. 입시 때, 연기 과외 선생님이 갑자기 나에게 청소를 시키셨다. 정신 차리라며 계속 연습도 시키셨다. 그러면 그럴수록 나는 더욱 아팠다. 마침내 선생님께 연습 도중에 "꺼져!"라고까지 했다. 결국에 내쫓겼다.

내 잘못이다. 내가 선생님을 그동안 싫어했다는 것이 진정으로 인정되는 순간이었다. 겉으로는 좋은 관계를 유지하고 있으나 나는 조롱하는 선생님의 말투가 싫었다. 선생님이 싫었던 것에 대한 응어리가 터져 무의식적으로 뱉어버렸다. 나는 감정 조절을 할 줄 몰랐고 그저 살아갔기에 그냥 있는 것조차 힘들었다.

나는 나를 고치고 연기할 수 있도록 스펙이 좋은 대학교를 가야 했기 때문에 다시 입시를 치렀다. 몸도 정신도 건강하지 못하더라도 꼭 해야 한다고 생각했다. 연기 과외 선생님도 나를 내쫓으실 때 산전수전을 다 겪고도 결국 '연기'를 한다는 것에 대해 가여워하셨다. "나가라."라고 말을 하시는 선생님의 눈에 맺힌 눈물을 아직도 생생하게 기억한다.

내 잘못이었다. 난 그때 정신적으로 많이 아팠다. 나 자신을 알면서도 내 꿈만 믿고 살았다. 난 학교에 다니면서 '여긴 내가 있을 곳이 아니구나.'라고 깨달아도 그냥 살았다. '다시 바닥부터 가야 하는구나.' 느꼈지만 내 멋대로 지냈다. 그러나 나는 자신을 아는 큰 시련이자 축복을 알았다. 바로 내가 문제였다는 것을, 미세하지만 정확히 알 수 있는 한 조각의 현실을 맛봤다.

한 길만을 생각했다

건강하고 행복한 아이로 키우고 싶다면 "감정코칭"이 우선이고, "사랑에는 기술이 있다."라고 책 『최성애, 조벽 교수의 청소년 감정코칭』에서는 말한다. 우리 사회에서는 왕따, 학교 폭력, 게임 중독, 입시 스트레스, 젠더, 다문화 이주자들 등 소속감을 느끼지 못하는 분노로 피해자가 가해자로 바뀌기도 한다. 우리가 조금만 더 주변에 관심을 기울이고 배려해주고 존중해주면 어떨까? 그 사람은 어떤 어려움이 닥치더라도 이 세상에 필요한 존재로 자신의 삶을 찾고 살아가게 될 것이다. 즉, 삶을 바라볼 때 세상을 원망하지 않게 된다. 현재의 자신을 인정하고 자신에게 맞고 세상에 필요한 인재가 되도록 스스로 클 것이다.

난 끊임없이 나 자신을 숨기고 또 숨겼다. 내가 연기를 못하는 것이 드러나고 실수를 할까 봐 늘 초조했다. 입시 중간에도 아동극 공연을 한 적도 있는데, 무대에서 "죄송합니다."라고 했다. 빅 트라우마. 관객은 어른 1명과 유모차에 탄 아이 1명뿐인 무대지만 아직도 그 기억이 눈에 선하다. 나는 상대를 보면서 나를 돌아보고 끊임없이 비교를 했다. 나는 열등감에 마음이 너덜너덜해지도록 종이짝처럼 쫙쫙 찢었다. 나는 내 분노를 외부로 향해 산으로 들로 바다로 외국으로 헤맸다. 정신 차리고 조금 더 객관적으로 자신을 보고 올바른 판단을 내렸어야 했다. 나는 그러지 못해 굉장히 후회스럽다.

"욕망은 결코 만족할 수 없다."

책 『천 개의 공감』에서는 말한다. 우리는 이 사실을 인정해야 한다. 이는 '성숙'을 향한 첫걸음이다. 나 '최민정'은 어떤 어려움이 닥치고 혼란감이 오면 해결하지 못했다. 욕망이 지나쳤기에 부단히 노력했지만 닿을 수 없었다. 만족을 몰랐다. 내가 잘못되었다는 것도 현실에 맞게 살아야 한다는 것을 부정했다. 내가 그리는 이상을 향해 끊임없이 전진했다. 나는 지금 반성한다. 내가 가지고 있는 능력과 적성에 맞게 움직여야 했다.

지금 나는 스스로가 숨은 보석이 될 수 있게 모든 것을 다해 차근히 노력하고 있다. 마음이 아프신 분들을 위해 나는 '힐링예술'을 한다. 내 몸과 마음의 시계에 맞게 즐기며 살고 싶다. 나는 나를 치유한다. 당신을 치유한다. 모든 사람들에게 나의 '힐링예술' 방법들을 알리고 도와드리겠다. 지금 이 나이에 어리석다고 비웃을지라도 괜찮다. 내 꿈은 내 바람은 '뮤지컬 배우'였지만 뮤지컬 계의 최정원 배우처럼 한 길만 파는 '힐링예술가'가 되고 싶다는 것은 확실하다.

03

**말하지 않으면
아무도 내 속을 모른다**

"사람은 누구에게나 인정을 받고 싶다."

내 뜻을 밝히지 않으면 혼자가 되고 화가 난다

우리는 평소에 언제 화를 내는가? 그리고 우리는 평소 하루에 몇 번 화
를 낼까? 자기가 화를 내고 있다는 사실을 뚜렷하게 자신을 느끼며 알고
있을까? 나는 내가 화가 났을 때 자신을 객관적으로 보는 눈이 많이 없었
다. 나를 모르고 살았다. 그저 조금씩 조금씩 스멀스멀 기어오르는 내 본
성과 성격을 알아차리지 못하게 했다. 나는 내 자신을 있는 힘껏 숨도 못
쉬게 만들고 억제하고 눌렀다.

"나는 왜 그랬을까? 왜 화를 억누르는 거지? 마음에 안 들어서? 내 감정대로 표현을 하기가 어려워서?"

질문의 답에 꼬리에 꼬리를 물어보자. 확실한 것이 있다. 우리는 친한 사람으로부터 거절을 받았을 때 상처를 받는다. 그렇다. 우리는 결국에 인정받지 못해서 화를 내는 것이다.

책 『거절 잘 하는 법』에서는 친하면 친할수록 "쉬운 부탁 거절법과 어려운 거절법에 대해서 수위를 조절하면서 거절하면 된다."라고 한다. 쉽게 공감을 하고 덜컥 수락하는 것보다 최대한 정중한 범위를 조절하며 예를 갖추며 거절해도 괜찮다는 이야기이다.

당신은 거절에 대한 방법에 대해 자신만의 독특한 방법을 가지고 있는가? 우리는 정중히 거절하는 법을 배워야 한다. 부모와 자식 간에도 거절이 반드시 필요하다. 모두를 '독립된 개체', '함께 하는 공동체'로서 분리할 줄 알아야 한다. 우리는 우리가 누군가의 자식이기도 하지만 자아가 서야 하는 독립적인 존재라는 사실을 잊지 말아야 한다. 태연하게, 거리낌 없이 자기 자신의 모습으로 세상에서 살아야 한다.

나는 이 부분에 크게 꽂혔다. 독립적인 존재로 존재하지 못하면 누군가에 먹혀 자기 자신으로 살지 못한다. 어쩌면 평생 부모 밑에서 살아가는 캥거루족이 될지도 모른다. 벗어나야 한다. 괜찮다. 늦어도 좋다. 이제부터가 진짜 삶이다.

오늘도 당신은 거절하지 못하고 있는가? 그것이 우리를 진짜 화나게 하는 것이 아닐까? 앱 중에 '카카오톡'이 있다. 우리는 이 카톡이 수시로 퍼 나르는 글자들을 보면서 행복해하기도 하고 좌절하기도 한다. 나는 아이에게 나도 모르게 그동안 한 번도 내지 않던 화를 냈다. 빨리 자야 글을 쓸 수 있는데 도대체 잠을 이룰 생각을 하지 않았다. 나는 버럭 소리 질렀다. 이로 인해 아이는 울었지만 나는 '화'라는 감정과 정확하게 마주하고 알아차렸다. '아. 나도 화를 낼 줄 아는 사람이구나. 감정은 때에 맞게 분출하고 표현해야 살기가 편하구나.'라고 말이다. 그동안 다 받아주던 사람에서 벗어난 것이다. 그것이 비록 '화'일지라도 조금은 해야 내 자신이 사는 거였다.

주의할 점은 쏟아내되 나를 보호하기 위해 감정의 농도를 적재적소에 분출해야 한다는 것이다. 나는 요즘 여기저기 내 감정을 말할 줄 알고 도

전하려고 노력한다. 남편은 "왜 이렇게 말이 많냐?"는 소리까지 한다. 그동안 갖지 못했던 아니 아예 없었던 자신감을 글을 쓰면서 나는 나를 알게 되었다. 여러분도 원한다면 김도사님이 계시는 〈한책협〉에 가라. 아니면 내게 오라. 자신이 하고자 하는 일에 힘이 실릴 수 있도록 모든 것을 다해 힘껏 도와드리겠다.

나는 어릴 때 무엇을 열심히 하고 나서 칭찬받기를 간절히 원하고 바랐다.

"아빠! 저 청소 정말 열심히 했어요. 잘했죠?"

"응, 그래. 잘했다. 하지만 동생이랑 같이 했다고 하면 더 멋진 사람일 텐데…."

나는 너무 슬펐다. 청소를 열심히 잘해서 칭찬 받고 싶었는데 지적을 받았다고 느꼈다. 물론 아빠는 더 큰 사람이 되라고 말씀해주셨던 것이었지만 나는 그것을 상처라고 생각했다.

"저요. 청소하느라 진짜 힘들었어요. 아빠가 칭찬을 좀 해주세요. 네?"

이렇게 말을 했으면 얼마나 좋았을까? 하지만 나는 그저 부모님이 말씀하시면 "네네." 하는 말하는 순종적인 사람이었다. 부모님의 뜻이 나의 생명보다 귀했다.

"때론 욕 좀 먹어도 괜찮다." 책 『거절하는 법』에서 말했다. 상대가 뭔 말을 하든지 상관을 하지 않으려면 '나'에 대한 확고한 믿음만 있으면 된다. 앞으로 나아가고 자의식이 강한 사람은 다른 사람의 말이 두렵지 않다고 한다.

나는 이 이야기가 참으로 마음에 든다. 나는 나 스스로에게 질문을 던지는 아주 중요한 메시지를 들을 수 있었다. 핵심만 쏙쏙 내 마음에 스며들었다. 누군가의 평가나 누군가 원하는 사람에 자신을 억지로 끼워맞추지 말라는 주장이 내 심장을 요동치게 했다. 나는 이 말을 더욱 믿고 나의 꿈에 도전한다. 그것은 작가다. 나는 요새 많은 혼란스러웠다. 꿈을 정확히 알지 못하고, 그저 나는 '배우'이고 '뮤지컬'이 하고 싶은 사람이라고만 생각했다. 그냥 진정 내가 원했던 삶의 미약한 한 부분이었는데 오해했다.

말을 안 하면 아무도 모른다

어릴 때 사진을 보면 나는 늘 춤추는 동작을 하고 있었다. 아빠의 사진 중에는 장발에 기타를 치시는 사진들이 참 많았다. 가족들끼리 같이 노래방 가기 좋아하는 사람들이었다. 나는 아빠를 무척이나 닮은 딸이었다.

그러나 내 꿈에 다가가지 못한 사람이었다. 나는 늘 내 꿈을 숨겼지만 은연중에 툭툭 튀어나오고 있었다. 지금은 내 영혼과 내 피부로 온몸을 통해 느끼고 있다. 이제 내 목소리를 내고 내 말을 하고 내 스타일대로 살아간다. 오로지 나의 결정과 판단으로 행동을 한다. 이제는 돌려서 말하지 않는다. 화낼 건 내고 표현하면서 산다. 나는 내가 원하는 것을 위해 차단시킬 수 있는 것들은 다 차단을 시킨다. 내 안에 '화'가 터지지 않게 노력하고 늘 나를 지킬 것이다. 늘 스스로를 잡으며 감정을 조절한다.

책 『내가 상상하면 꿈이 현실이 된다』에는 배우 짐 캐리의 일화가 나온다. 그는 무명 시절에 '1,000만 달러'짜리 수표를 만들어서 자기 자신에게 줬다. 1,000만 달러는 오늘 기준(1달러에 1,128원) 112억 8천만 원이다. 그리고 정확히 5년이 지난 뒤, 짐 캐리는 이제 누구나 아는 영화 〈덤 앤 더

머〉와 〈배트맨〉의 출연료로 1,700만 달러를 받았다. 191억 7,600만 원이
다.

얼마나 기적 같은 일일까? 나도 정확히 5년 뒤에 나만의 방법으로 무
대를 기획하고, 작가로서 만들어가고 싶다. 10년이 걸려도 좋다. 하지만
일단 5년 뒤라고 적어둔다. '뭐 안 되더라도 하다 보면 언젠가는 빛이 오
겠지.'라는 생각으로 지치지 않고 삶을 이어가겠다. 내 삶, 지금 이 순간
이 자체만으로도 나는 빛나고 꿈은 이루어졌다. 고요히 그냥 현실을 받
아들이면서 꿈을 향해 나아가겠다. 이쯤이면 되었다고, 더 이상 무리한
선택은 하지 않겠다고 말이다.

나는 2005년, 〈아름다운 세상을 위하여〉라는 뮤지컬을 봤다. 세상의
사각지대에 있는 사람들의 이야기! 나는 이 공연을 보면서 눈물을 훔쳤
던 기억이 난다. 이런 공연을 만들고 싶다. 관객들도 나처럼 '힐링예술'을
느낄 수 있지 않을까? 집으로 돌아가는 내내 그 따뜻한 뮤지컬을 생각했
다. 그리고 미래의 나를 생각하며 잠 못 이루었다. 나는 내게 행복을 전
해주었던 공연 같은 작품을 만드는 작가가 되고 싶다. 나는 사람들에게
말했다.

"다른 일을 하라고 아무리 돈을 많이 줘도 뮤지컬을 하겠다!"

환상일지도 모른다. 그래도 좋다. 현실을 직시하고 나아가면 된다. 한 단계 한 단계 즐기면 된다! 모든 사람들과 하면 이룰 수 있지 않을까? 상처받지 마라. 혼자 울지 마라. 혼자 화내지 마라. 우리 감정 조절하며 함께하면 이룰 수 있다고 나는 믿는다.

04

외로운 사람은
자꾸만 더 외로워진다

"외로움은 나를 성장시키는 지름길이야."

나에게 외로움은 진정한 친구다

나는 늘 외로웠다. 내게는 외로움은 당연했고, 외로움은 사람이 가져야 할 중요한 감정 중에 하나라고 생각했다. 그래야 자신의 길과 삶을 잘 개척하고, 걸어갈 수 있다고 믿는 신념이 있었다. 내게는 사람들의 한마디를 깊게 그리고 골똘히 생각하는 버릇이 있었다. 배우로서 활동할 때도 대사의 한 글자, 쉼표 하나까지 숙제처럼 풀어보며 참 열심히 했다. 그러나 끝까지 마무리하지는 못했다. 인내력과 끈기가 부족했다. 너무 많은 욕심을 부리다 보니 계속해서 마음을 다쳤다. 나는 수많은 비난에 숨고 아파하는 외로운 소녀였다. 사람들한테 아픔을 당하기 싫었다. 그래서 결혼을 하고 산 속에 살고 싶어 했는지도 모르겠다. 나는 '혼자' 사는 사람들을 이해한다. 반려견을 키우는 분들도 이해가 간다. '사람이 아니기에 상처를 주지 않으니까.'라고 나는 생각했다.

내게는 '관계사고, 관계망상'이 있었다. 아주 사소한 것들에 대해 우연의 일치를 크게 생각하고 믿는 현상이다. 이것은 단지 자신의 감정을 표현하는 것뿐인데 나는 오해하고 받아들였다. 책『감정연습』에서는 감정에는 '안내 눈금'이 있다고 제시했다. 1단계부터 22단계까지 있는데 이 감정들은 서로를 순환시키면서 돌아간다고 한다.

기쁨 → 열정 → 열의 → 긍정적 기대 → 낙관 → 희망 → 만족 → 권태 → 비관 → 좌절 → 압도감 → 실망 → 의심 → 걱정 → 비난 → 낙담 → 화 → 복수심 → 증오 → 질투 → 불안감 → 두려움 → 다시 순환.

외로운가? 외롭지 마라. 감정은 분명히 순환된다. 당연한 이치다. 외로워서 말 한마디가 천금보다 귀하기에 당신은 사람들이 쉽게 내뱉는 말에, 괜히 상처를 받는 것은 아닌가 돌아보자.

나는 늘 그랬다. 학교 다닐 때 무척이나 외로웠다. 늘상 친구가 있어도 없는 것처럼 다녔다. 인간관계에 대한 건강한 상식을 몰랐다. 외로움이 극에 달았을 때 나는 외쳤다. '그만하자. 그만하자. 이쯤에 끝내자.' 포기했다. 속앓이를 너무 심하게 하고 외롭고 외로운 사람이었다.

나중에는 사람의 손길이 그리워 어떻게든 사람들과 친해지고 싶었다. 노력할수록 사람들은 나의 적극성에 부담스러워하기도 했다. 때로는 처음부터 거부하기도 했다. 그것은 또 다른 상처가 되었다.

"아. 내가 너무 오버를 하는구나. 앞으로 그러지 말아야지."

그렇게 마음을 돌려먹었다. 다잡고 나를 다스리고 생각했다.

누군가의 말로 인해 크게 상처받고 미워하지 마라. 지극히 소소하고 별것 아닌 말일 수도 있다. 우리는 이 점을 주목해야 한다. '별것 아닌 일.' 사람마다 각양각색, 사람들은 다 다르다. NIP 전문가(Practitioner) 구만호 박사는 '신념'이 그 사람의 생각과 감정과 행동을 지배하기 때문에

"비합리적인 신념을 바꾸면 달라진다."라고 말한다. 사실이 아닌 근거가 없는 잘못된 신념(믿음)만이 해당된다고 한다.

나는 자신이 '배우'가 되는 게 당연하다고 생각했다. 전혀 적성과 주변의 조언 없이 오로지 자신만의 신념만으로 걸어왔다. 우리는 때로는 귀 기울여서 다른 사람들의 말을 잘 이해하고 들어야 한다. 그래야 사회에 물의를 일으키지 않을 수 있다. 나는 '배우'라는 직업을 일찌감치 포기했어야 했다. 하지만 질질 끌면서 언젠가는 답이 있다고 스스로 믿었다.

우리 부모님께서는 "시간이 약이니 참고 견디라."라고 하셨다. 누구나 아는 사실처럼 "늘 견디다 보면 큰일을 할 수 있다."고 말씀을 하셨다. 나는 항상 꾹꾹 참으면서 여기까지 왔다. 그러나 나를 모르는 채로 억누르니 더 상처만 깊어졌다. 시간이 지나면 지날수록 더 고통스럽고 죽고 싶었다. 자신이 비정상이라서 괴롭고 이대로 사라지거나 죽었으면 좋겠다고 혼란스럽기도 했다. 머리가 지진이 나는 것 같고 오해받거나 무시당하는 기분도 여전했다.

나는 배우일 때 낙제생이었다. 아무도 도와주지 않아도 끝까지 버텼다. 항상 연기할 때 '꼴등'이라는 생각을 가졌고 마음에 나만의 믿음으로 깡만 가지고 살아왔다. '나는 느리지만 그 길을 평생 가겠다.'고 지독한

외로움에 혼자 묻고 혼자 판단했다. '난 여전히 잘 해나간다.'고 나에게 수도 없이 주문을 계속 걸었다. 난 시행착오이니 고치면 된다고 대단한 착각을 했다.

찾을 때까지 전진만 했던 나

자. 우리 주변을 고개만 돌리고 둘러보자. 생각보다 어려운 사람들이 많다. 멀리 말고 바로 코앞에서 말이다. 아침 일찍 박스를 접고 리어카를 끄는 사람도 쉽게 볼 수 있다. 우리 함께 헤쳐나간다면 이룰 수 있다.

'인생'이 그리고 '연기'라는 것이 '놀이'라는 것을 나는 진정으로 몰랐다. 오로지 '연기'를 잘 하는 것이 '최고'라고 생각했다. 완벽히 하려고 무지하게 애를 썼다. 열등감이 너무 많았기에 죽어라고 노력을 했다. 그러나 허한 마음은 이미 바닥을 쳤고 공허해진 내 눈동자는 전쟁이 난 것처럼 파괴적이었다.

'배우'를 할 수 없다는 것을 알지만 주변 사람까지 나를 더 짓밟는다는 생각이 가득했다. 삶을 얽힌 실타래처럼 풀어나갔다. 울고, 버티고, 걷고, 달리고, 계속 넘어졌다. 나는 나의 상태를 점검할 줄을 몰랐다. 너무 외로웠고 너무 쉽게 그것도 크게 상처받았다. 사람들을 자꾸 못 믿는 사람이 되어버렸다. 세상살이는 내게 고통이었고 너무나 어려웠다. 36살 최민정의 삶. 그저 잡아주는 한 사람만이 있었다면 모든 것이 순조롭고 재미있었을 것이다. 우리는 사고한 것에 왜 화를 내고 두렵고 상처받는 것일까? 우리가 외로운 사람이기에 쉽게 상처를 받고 자꾸 외로워지는 것이라고…. 자. 나오자! 세상을 향해.

05

쉽게 상처받는 사람이 쉽게 상처를 준다

"사람마다 간직하는 꽃이 있다."

모든 생명체에는 저마다 이유가 있다

나는 내게 상처를 준 사람에게 은연 중에 스크래치를 냈다. 연락 두절!
나를 안 만나주거나 나의 존재를 까먹는 사람의 연락처를 차단했다. 이
유를 묻지도 않고 이해하려고 하지 않았다. 서로가 연락을 안 하는 게 차
라리 속 편하다고, 그게 나도 상대도 편하겠다고 생각했다. 용서가 없었
다. 나는 그렇게 용서해달라고 말하면서, 남은 나에게 그렇게 하면 안 된
다고만 생각을 했다. 생각해보면 앞뒤가 안 맞는 사람이었다. 나는 소소

한 남의 실수를 부풀려 생각하고 '연락 차단'이라는 명칭으로 단절시켰다. 소심한 복수!

자, 그러지 말자. 그 사람도 당신으로 인해 크게 상처를 받을 수도 있다. 이제는 자신의 상처는 잊고 보다 넓은 마음을 가지고 남의 상처를 보자. 그러다 보면 우리는 큰 사람이 된다. 서로가 더 잘될 것이고 함께하는 삶을 살 수 있다. 스르륵 얼음이 뙤약볕에 녹듯 모든 것을 수용하는 물처럼 길이 열린다. 앞으로 나아갈 수가 있다. 무한한 지혜와 새로운 창조적 미래로 예술적인 자신만의 삶을 개척해낼 수 있다.

책 『마음의 꽃』에서는 이렇게 말한다.

"누구보다 나를 아끼는 사람이 나의 가족이다."

나는 상처를 받으면 그대로 갚아주어야 한다는 어리석은 생각을 하는 사람이었다. 모든 것에 미련이 남아 나중에는 급기야 화살을 자기 자신에게 돌리기도 했다. 이는 자기 자신을 죽이는 살인 행위이다. 자신을 파멸시키고 깊은 우울감을 준다. 어디서 어떻게 다쳤는지 모르는, 보이지 않는 상처라도 만져보고 도려내고 수면 위로 드러내야 한다. 그래야 치유할 수 있고 그에 맞는 약을 바를 수 있다. 그렇게 상처는 아물어간다.

힘내자. 누구든 상처를 받을 수 있고 상처를 줄 수 있다. 사람은 다 똑같으니 늘 먼저 겸손하고 말을 들어주어야 한다. 이후에 공감하고 함께 해결하는, 사람 냄새 나는 내가 되었으면 좋겠다고 소원하고 노력한다. 당신도 할 수 있다. 내가 더디지만 한 글자씩 의미 있게 쓰려고 나를 바꾼 것처럼…….

나는 알고 있었다. 쉽게 상처를 받았고 쉽게 상처를 주는 사람이었다. 나는 친구를 매몰차게 버렸었던 기억이 난다. 그리곤 아닌 척 가식을 떨었다. 사뭇 나를 새롭게 느껴본다. 나는 언제 어디서든 상처를 받았다고 느꼈다. 사실은 남에게 쉽게 상처를 주는 사람이었다는 것을 왜 이제야 깨닫게 되었을까? 바로 자기 자신만이 중요하다고 느끼는 '이기적인 마음' 때문이다. 지금 나는 나를 똑바로 받아들이고 직시한다.

나는 내가 받은 상처만 중요하고 남이 느끼는 상처는 중요하지 않다고 생각했다. '타협'이라는 지점을 찾지 못한 것이다. 일방적으로 상대와 연락 두절을 했다. 나는 분노를 그렇게 차단을 시킴으로써 나를 표현했다. 이제 상처는 더 이상 받고 싶지 않다는 마지막 표현법이었다. 나는 '회피형 사람'이었다. 약속 시간에 늦은 사람을 보면서 속이 부글부글 끓었다. 나도 똑같이 해줘야 한다고 생각했다. 책『상처받지 않고 끝까지 사랑하기』에서는 '분노 조절'에 대해서 말한다. 만약 '분노 조절 장애'가 없다면, "이런 사람도 있구나. 다르구나." 인식하고 인정한다. 이는 생각의 전환을 하는 것으로 무척이나 건강한 생각을 가지고 분노 조절과 통제가 가능하다. 한마디로 자기 자신을 뻔뻔하게 만드는 감정의 기술을 터득하게 되는 것이다.

나는 '배우'를 하면서 스트레스를 받았다. 이성을 잃었다. 사고하는 것이 명확해야 하는데 나는 그러하지 못했다. 나는 이제 나를 잘 알고 극복하고 있는 중이다. 평생 풀어가야 할 숙제일 수도 있다. 그래도 좋다. 나를 붙잡고 나를 지킨다. 제발 상처를 받았다고 남에게 상처를 주지 말자. 그럼 똑같은 인간이 되는 것이다.

나는 이 세상에 정말 필요한 사람으로 성장할 것이다. 세상은 생각보다 열려 있는 곳이다. 마음이 따뜻해지는 곳이라는 것을 나는 알고 있다. 나는 이제 건강한 사람과 맺는 관계와 건강한 이별을 안다. 아프지 말자. 당신이 아파하는 동안에 더 아파하는 사람이 당신 곁에 있을 수도 있다.

자. 이제는 말하자.

"나는 여기가 아픈데, 어떻게 하면 좋을까?"

의외라고 생각했던 세상이 너를 도와줄 수도 있다. 할 수 있는 만큼 자신의 생각을 명료하게 말하자. 단, 감정 조절을 하면서!

뜻이 있다면, 꽃은 피어날 수 있다

책 『당신이 힘든 이유는 감정 때문이다』에서는 타인의 평가에 민감하게 반응하다 보면 자기 자신의 자유를 뺏기게 되니 그러지 말라고 주의를 준다.

자, 당신은 자유를 마음껏 표현하라. 자기 자신을 지킬 수 있는 만큼만 나타내고 뻔뻔해져라! 그것이 어떠한 방법이든 위험한 행동이고 사회에 물의를 일으키지만 않는다면 괜찮다. 장담한다. 당신은 소중하고 지금 있는 그대로도 자연스럽고 멋진 사람이다. 나는 당신을 믿는다. '최고'가 아니라 하나뿐인 '소중함'이 되어라. '무조건 나는 소중한 사람이다.'라는 옷을 뒤집어쓰자. 아프지 마라.

이 세상 사람들은 아픈 사람에게 절대 관대하지가 않다. 나는 안다. 자기 자신이 올바르게 서면 세상 사람들은 당신을 따르기도 하고 도와주기도 한다. 내가 누군지 몰랐던 내가 자신을 찾고 다시 태어난 것처럼…….

자신 속에 있는 '천사'를 멀리멀리 보내고 날려버리자. 그냥 "후~" 하고 민들레씨 불듯 멀리멀리 떠나보내자. 이후 바로 자신을 이성적으로 바라보자. 그다음에 자신의 내면을 후벼 내시경으로 깊숙하게 쏘옥 넣어 자신을 관찰하자. 생각보다 쉽다. 고통스럽다면 그 고통을 즐겨라. 고통은 어느새 행복한 감정으로 순환된다. 지금 있는 그대로의 감정이 자기가 느끼고 있는 이 흐름이 진짜 자신의 감정이다.

혹시 오늘 어떤 사람에게 큰 상처를 받았나? 그 말이 당신을 공격하는가? 제발 내려놓자. 당신에게 올바른 길을 가르쳐주는 '은인'일 수도 있다. 힘내라. 당신이 걸어왔던 길을 아련한 추억처럼 깔깔 웃으며 이야기를 할 수 있는 큰 그릇이 되자. 스스로를 믿자. 제발 쉽게 상처를 받았다고 다시 갚아준다고 쉽게 상처를 주지 말자.

책 『오해하지 않는 연습, 오해받지 않을 권리』에서는 말한다. 타인에게 좋은 인상을 주려고 하는 것은 오히려 '저항형'이라고 말이다. 낯가림이 심한 아이처럼 굴기도 하고 지나치게 신중하게 행동하기도 한다. 이는 감정을 마음껏 발산할 기회가 없는 환경 때문에 생긴 습관적인 행동이다. 나는 그랬다. 지극히 신중하거나 혹은 아이처럼 굴거나 둘 중에 하나였다.

나는 이제 '나를 지키는 뻔뻔한 감정의 기술'을 익혔다. 나는 이제 절대 그러지 않는다. 굳게 다짐하고 내 일에 자유롭게 마음껏 집중한다. 한 발자국 한 발자국 걷고 달리고 걸으며 달리고 또 나아간다. 그것이 나의 마음의 답이다. 자, 행동하자. 원한다면 움직여야 얻을 수 있다. 아프지 마라. 아플 시간에 행동하자. 이 세상은 행동하는 자에게 축복의 은총이 물밀 듯이 똑 똑 적셔지며 따라온다.

나는 솔직히 '배우'라는 직업을 늘 소망했다 그러나 나는 '작가'라는 타이틀로 인해 '배우'라는 직업이 영영 사라져버리는 느낌이었다. 한마디로 산송장처럼 죽을 것만 같았다. 한편으로는 내게 약일 수도 있다. 또 한편으로는 '엄청난 독이 될 수 있을까?'라는 생각이 들었다. 그래서 터질듯한 가슴이 두근두근 쿵쿵쿵 콩닥콩닥 이야기를 했다. '내가 시작한 일은 내가 마무리는 해야지.'라는 다짐으로 구석에 내몰려 안간힘을 쓴다.

나는 안 되는 것을 '죽어라' 노력했다. 해내긴 해냈는데 너무 힘들었다.

그냥 내 스타일대로 가고 있는데 못할 것 같으면 안 하면 되지. 왜 힘들어 하는 모습을 보이며 피해만 주면서 다녔을까. 그냥 안 맞는 것이었는데! 사람들의 말을 귀 기울이고 들었어야 했다.

06

이미 사랑받는 존재임을
알지 못한다

"나는 이미 사랑받는 존재였다."

그냥 아무것도 필요 없고 무대에서 죽고 싶었다

나는 인간관계를 할 줄 몰랐다. 줄 줄만 아는 사람이었다. 나는 나 자신을 대접할 줄 몰랐고, 지금도 그것이 어렵다. 그러면 안 되는 존재인 줄 아는 자존감 빵점인 사람으로 살아왔기 때문이다.

나는 나에 대한 정체성, 즉 아이덴티티(identity)가 없었다. 나는 언제나 고독했다. 외롭고 불안해했다. 사랑받지 못하고, 존재감이 없어서 늘 슬픈 아낙네처럼 연민의 호르몬만 핏줄을 타고 흐르고 흘렀다. 내 모습은 몸 말고는 아무 것도 없었다. 나는 바깥으로 뛰쳐나가거나 정처 없이 맴돌아 인생을 그저 흐르게 했다. 육아를 하면서도 무조건 아이 먼저, 사랑을 하면서도 무조건 사랑하는 사람 먼저, 가족이랑 있으면 무조건 가족이 먼저였다. 그러면서도 무조건 사랑받고 싶어 안달 난 어린아이 같은 투정을 부렸다. 그래도 나는 그게 나에게 잘 맞다고 생각했다.

책 『내 감정에 서툰 나에게』에서 "눈앞에 있는 나를 마주하라."라고 말한다. 나는 늘 죽음의 직전까지 나를 몰아치며 뛰어다녔다. 가슴이 미어터질 정도로 나를 밀어내야 겨우 나는 살 수 있었다. 그 끝에 숨을 고를 수 있는 순간이 다시 돌아온다고 믿었다. 나는 왜 그랬을까? 사랑받고 싶어서? 그 사랑의 크기가 도대체 얼마만큼이나 되어야만 나는 진정으로 행복할까?

나는 예민했다. 별것도 아닌 일을 거대하게 느꼈지만 상대에게는 흘러가는 소리일 뿐이었다. 심장에 못 박고 두드리며 상처로 아로새겼다. 정말 괜찮은데, 상대는 그렇게 생각을 하지 않는데 나는 무언가를 부산스럽게 준비했다. '이래야만 날 좋아하지 않을까? 무지하게 노력해야만 날 사랑하지 않을까?' 나는 욕심이 많았고 나는 내 모습대로 살지 않아서 아팠다. 있는 그대로의 모습인 나를 사랑해주는 그런 사람이 없을 줄만 알았다.

자, 자신을 비이성적으로 판단하지 말자. 감점을 잠시 접어두고 나를 다른 사람들과 섞어놓고 판단하자. 가족은 물론 나를 세상 속에 떨어뜨려 놓아보자. 객관적인 눈이 생기고 시야가 넓어지며 자신이 서 있어야 할 자리를 알게 된다. 보자. '나의 가족'의 위치도 이성적으로 판단하기 위해 사랑의 눈꺼풀을 잠시만 벗기자. 올바르게 전체를 아우르며 보고 느끼자.

참으로 대단한 착각. 나는 늘 그랬다. 사랑받고 싶었고 사랑받는 것이 목숨보다 귀했다. 별것 아닌 먼지만 한 표정의 반응에도 기겁했고 모든 일에 인정받고 싶었다. 꼭 그래야 한다는 유아적인 사고방식도 가지고 있었다. 다른 이들은 아무렇지도 않고 그런 생각조차 안 한다. 그래서 그동안 나는 '나를 지키는 뻔뻔한 감정의 기술'을 익히지 못해 항상 불안했다. 초조했다.

나는 이제 내가 진정으로 원하는 것을 작가가 되어 내 이야기를 세상과 친구를 하며 다닌다. 그래야 사람들이 나를 알고 소통하고 이 세상이 소통하고 알아준다는 것을 이제야 알았다. 여러분도 시도하라. 진짜 행복의 맛을 느낀다.

책 『곰돌이 푸, 행복한 일은 매일 있어』에서는 말한다. 일일이 따지지 말라고! 그냥 "모든 것을 받아들이고 사랑하라."라고 말한다.

나는 그러고 싶다. 나는 지금 현실이 정말 좋다. 다 수용하고 다 이해 하려고 예전처럼 느끼며 한결같이 모두 사랑할 것이다. 나는 그 어떤 누 구의 이야기든 들어줄 수가 있다. 친구가 되어줄 수도 있다. 처음 만났을 때부터 당신을 위해 기억하고 말해주는 포근한 사람이 되겠다. 이렇게 책을 쓰기 위해 도전하는 나의 현재는 눈부시다. 나는 이 자체만으로도 너무나 벅차오르고 감사하다. 내가 유명해지지 않아도 좋다. 일단 난 내 단단해진 내 가슴의 마음을 보고 있다. 나는 향기롭고 아름답고 앞으로 나아간다. 당신도 할 수 있다. 나처럼 자신만의 생각에 꽁꽁 갇혀서 죽음 직전에 간다면 말이다.

여러분도 자신이 잘하는 것을 찾았으면 좋겠다. 그리고 좋아하는 것도 꼭 좀 찾았으면 좋겠다. 필요하다면 내가 언제 어디서든 홍길동처럼 번 쩍 나타나서 꼭 도와주고 싶다. 책 『모든 순간이 너였다』에서도 "천천히 한걸음 씩 나아가라."라고 한다. 그게 당신의 길이라고 당신을 성장시킨다. 한 뼘, 한 뼘. 그래서 너무 좋다. 미세하지만 계속 나아지고 있다. 그럼으로써 나는 빛나고 있다. 황홀할 정도로 눈부시게.

책 『잘츠부르크』에서는 말한다. 이곳은 세계 최고의 페스티벌이 열리는 곳이라고 말이다. 당신의 마음은 어떠한가? 떠나고 싶지 않은가? 마음이 쿵쿵 뛴다. 난 꿈을 꾼다. 뻔뻔하게! 실낱 같은 꿈으로 언젠가는 잘츠부르크에 가보겠다고 말이다. 희망을 갖고 현실을 정면으로 부딪히면서 가겠다고 믿는다. 바람이 차다. 그래도 나는 좋다. 나를 어루만져주는 따뜻한 손길이라 믿는다. 나는 찬 바람을 느낄 수 있다는 것이 살아 있다는 증거라고 따뜻하게 느낀다. 지금 봄바람이 부는 것이라는 것을 안다는 것. 좋다. 그렇다. 당신은 살아 있다. 자 감사하자. 살아 있다는 자체만으로 당신의 인생은 아직 끝나지 않았다는 것이다. 나아가자. 자신의 꿈을 향해! 현실을 토닥토닥 돌보며 이겨내자. 비극으로 끝날 것 같아도 해피엔딩으로 끝마치겠다고 나 자신이 만들기로 각오를 하자. 그럼 정말 현실이 된다.

세상은 '여유', '쉼', '힐링'을 주제로 많은 사람들에게 희망을 이야기하는 사람들이 정말 넘쳐난다. 그러나 세상은 생각보다 그리 녹록하지가 않다. 모두가 분주히 일하고 바쁘고 시간이 없다. 그렇다. 나도 그렇다. 어떻게 그 시간들을 잘 효율적으로 낼 수 있을까? 처음이 어렵더라도 억지로 내야 한다. 자신을 돌보는 힘은 바로 거기에서 나온다. 그렇기에 모든 것을 이겨내고 내야 한다. 이것만은 꼭 당신에게 말하고 싶다. "늘 노력하라." 나는 늘 그래왔기에 여기까지 온 것이다. 나는 생활이 '배우'였다. 배우가 되고 싶어서 어떻게 해야 내가 배우가 될 수 있을까? 늘 고민하고 연구를 했다. 내가 잘할 수 있는 역할은 무엇일까? 내 순수함이 발휘되는 아동극? 아니면 모든 것을 이해하는 백발노인이 되어서 노인의 역할이 맞을까? 이런 온갖 생각들. 한마디로 미친 짓 한다고 말할 수도 있겠다. 하지만 나는 GO GO!! 내 길은 '배우' 포함 '힐링예술가'이다.

오늘 라디오에서 희망을 들었다. 극단 '멋진 친구들'의 발달장애인들이 자신의 말로 연극을 만들고 무대에 선다는 이야기이다. 우선은 인형극을 시작으로 성폭력 예방 교육 인형극으로 시작을 했고 무료 공연이라고 한다. 그들은 연극을 할 수 있다.

나는 이런 티끌만큼의 소원이 이루어진 것이 마냥 행복하다. 나는 이 라디오 방송의 소식을 듣고 꿈을 꾼다. 부족하지만 뜻만 있다면 누구든 할 수 있다는 것을 믿는다. 나는 나를 치유하면서 내가 가진 능력으로 나보다 어려운 사람을 돕겠다. 정말 바닥을 보며 그들을 일으키며 살겠다. 나는 솔직히 육아 기간이 5년이었고 쉬어서 잘 모를 수도 있다. 부딪혀가 며 만들어보겠다. 배워야 한다면 계속 배우면서 나를 치유하고 아픈 이 들을 치유하겠다. 내가 가진 닿을 수 있는 인력을 총동원해서 무대에 서 고 싶은 어려운 이들을 발 벗고 진정으로 돕겠다.

내 마음 빛, 그 하나는 모든 이들을 사랑하는 것

나는 어릴 때부터 나보다 약한 존재를 도와주고 싶어 하는 동정심이 많은 아이였다. 지금도 그 버릇이 습관처럼 남아 있어서 아프거나 힘든 사람을 보면 눈이 가고 마음이 가고 몸이 나도 모르게 움직였다. 그래서 이 직업이 나에게 딱인 것 같다. 힐링예술가. 예술로 그것을 풀어내는 멋 진 사람이 되겠다. 늘 초심을 잃지 않고 살아가겠다. 지속하다 보면 좋은 결과가 있을 것이라고, 나는 나의 미래를 끄적끄적 그림을 그리고 펼쳐 본다.

나는 최민정, 〈힐링치유예술공연센터〉장이다. 도움이 필요하면 언제 든지 연락해라. 지구상에 있는 모든 사람들을 이해하고 생각하고 공감하겠다. 앞으로 무엇이 더 필요한지를 은연 중 줄 듯 던지듯 알려 드리겠다. 또한 그것들을 만들어가겠다. 그리고 그토록 내가 원하던 뮤지컬 배우도 되겠다. 말도 안 된다고 비웃어도 좋다. 그저 한 구절이라도 잘하는 '힐링예술가 배우'도 되고 싶다.

자, 오늘은 어떤 것을 보았나? 늘 새로움에 목말라 있는가? 사람들의 마음도 급속도로 자꾸 시시때때로 바뀐다. 사랑받지 못 할까 봐 항상 전전긍긍하는 것이 일상이다. 어쩌면 당연한 듯 우리는 계속 미래를 예측할 수 없는 불안한 마음이 공포를 조성하고 있는 것이 아닐까? 홍수처럼 쏟아지는 신상들 속에 우리는 마음의 진리를 찾아야 한다. 유니크한 당신. 분명 고유한 자신만의 가진 재능을 자신 스스로가 발견해야 할 때이다.

07

분노, 불안, 질투!
모든 게 두려움 때문이다

"넌 뭘 가지고 있는 줄 아니? 열정 오직 하나뿐."

매일 부족하다는 생각에 되뇌이다

분노하고, 불안하고, 떨고, 질투했던 기억들. 그 기억들이 영화의 필름처럼 뇌리에 흐트러지듯 서사적으로 지나간다. 이 세상의 마지막 날이 온 것처럼, 나는 『참 괜찮은 죽음』이라는 책을 좋아한다. 괜찮게 죽어가는 한 의사 선생님의 이야기. 끊임없는 고통과 싸우는 사람. 생명을 위하는 일을 하는 사람들에게 나는 깊은 호감을 느낀다.

나는 나를 표현하는 법을 몰랐다. 오직 좋은 표현만 사람들에게 보여 줘야 한다고 생각했다. 부정적인 표현은 무조건 내 안 귀퉁이로 쌓아올리며 삭였다. 지금의 나는 약점과 과거를 자꾸 밖으로 끄집어낸다. 불안은 빗물로 씻기듯 다 사라진다. 물론 고통스런 작업이다. 그렇다고 계속 분노, 불안, 질투라는 감정에 끙끙대며 늘 무겁게 인생을 살아갈 수는 없지 않은가.

『42가지 마음의 색깔』에서는 말한다. 분노, 불안, 질투는 스스로를 믿지 못하는 '마음' 때문이라고 말이다. 사람과 사람의 관계를 할 때 우리는 여러 가지 감정을 느낄 필요가 있다.

자연스레 느껴야 한다. 지금 나는 내 삶을 제3자, 관찰자로 지켜보는 기분이다. 괜찮다. 과거들이 내가 이렇게 성장할 수 있었던 밑거름이 되었다. 이렇게 늘 성장해야 한다. 두려움을 다 이겨내고 말이다. 자신에게 '믿음'을 줘야 한다. 세상은 그리 호락호락하지는 않지만, 반면에 호락호락 받아주는 사람도 있다고.

나는 책을 내게 되면서 나의 모든 것을 쏟아 부으며 노력했다. 이렇듯 당신에게 맞는 방법을 찾아야 한다. 당신은 지금 분노하는가? 그렇다면 왜 분노하는지를 그것을 확 꼬집어서 집중적으로 찾아내라. 그 분노의 원인을 찾아내야만 한다. 사람마다 가지고 있는 트라우마는 각기 다 다르니 다 다르게 접근해야 한다.

책『같은 말도 듣기 좋게』에서는 전한다. 한 사람 한 사람마다 개성이 있고 상대방의 시간 감각에 천천히 대화를 한다. 부르릉 시동을 봐가면서 걸어 자신만의 속도를 내어 주도록 거리를 허용하라고 말이다. 그래야 대화의 길이 열린다. 마음이 아픈 사람들은 누구보다 속도가 느리기도 하고 빠르기도 하다. 언제 튈지도 모르고 다 다르다고도 느껴진다.

분명 길은 있다. 조용히 가만가만히 털어놓자. 구름이 개인 하늘에 공중에 높이 휘날려 끊어진 연은 바람을 타고 힘껏 날면 된다. 거울을 보자. 자신의 능력을 점검하고 앞으로 나아가자. 쉽다. 가장 쉬운 것부터 해나가면 된다. 세상과 웃으며 한 계단씩 오르며 다가가자. 당신에게 환하게 웃어줄 그 누군가가 수호천사처럼 나타날 것이다.

진짜 인생 별거 없다. 한 번 죽으면 끝인 인생이다. 두려움 때문에 나를 함부로 낭비하지 말자. 두려움아, 여기서 멈추어 다오!

원하는 것을 즉시 말할 수 있고 행동하는 사람이 되자. 뭐든 행동하는 자에게 그 행동에 대한 '꿀답'을 준다. 간절함과 끈질긴 노력! 나는 솔직히 바르지 않다. 실수투성이에 말썽꾸러기다. 그래도 노력한다. 하다 보면 길이 보인다고 믿는다. 나는 굳게 나를 믿는다. 나는 아프지가 않다. 진정으로 날 용서했고 세상이 좋고 함께하면 된다고 생각한다.

어쩌면 당신이 옳은 사람일 수도 있다

분노, 불안, 질투는 다 믿음이 부족해서다. 자신을 믿자. 어쩌면 당신이 옳은 사람일 수도 있다. 지금 이 순간 자신의 감정을 멀리서 이성적으로 관찰해보자. 억울하고 화나고 왜 눈물이 흘러내리는지 답답하고 궁금하지 아니한가? 바로 그것은 그동안 당신이 억제했던 감정이다. 바로 '화'다.

자, 자신이 굳게 믿었던 신념을 다시금 돌아보자. 책『욱하는 성질 죽이기』에서는 말한다. 과도한 수치심이란 근본적으로 자신을 쓸모없는 사람으로 여기고 자신을 미워하는 것이다. 갑자기 분노가 치밀면 특정인을 괴롭힌다고 말한다. 나는 나를 진심으로 몰랐다. 이제야 머리가 생기고 뇌에 무언가가 차곡차곡 들어가는 것만 같다. 여러분은? 자기 자신을 잘 알고 사랑하고 있는가? 자신을 보지 않고 부러워하는 대상인 상대방만 보지 않고 있나? 자, 일어나자. 두려움의 극복은 현실을 충실히 행동하고 자신을 점검하는 데에 있다.

책 『마윈의 성공스토리 양쯔강의 악어』에서는 책에서 배우는 것도 많지만 때론 벗어나야 한다고 말한다. 사회에서는 'A, B, C 가 없다.'고 말이다. '이론'은 '실천'에서 나왔다. 그리고 '실천'은 다시 '이론'으로 돌아간다. 또 다시 '이론'은 구체적으로 다시 실현할 필요가 있다. 즉, 순환 구조로 계속 이어져야 한다는 것이다. 여기서 주목할 점은 이론과 실천이 잘 버무려져야 한다는 것이다. 그런데 나는 그것에 대한 기준이 너무 혼자서 연구하고 실천하는 경계선 장애인이었다. 이 사실에 내가 '배우'가 되는 데 힘들었던 이유를 바로 알게 되었다. 나는 분노하고 불안해하고 질투했다. 결론은 말을 못하니 무대에 설 자신이 없었던 것을 시인한다. 그래도 이어갔어야 했다. 마윈은 말한다. '열정'에만 의지하라고 말이다. 그렇다면 뭐든 이루어진다고 설명하고 있다.

나는 지금 '열정'이 가득하다. 〈힐링치유예술공간센터〉를 설립하였다. 많은 이들이 힐링하고 예술을 할 수 있는 곳. 모두가 행복할 수 있는 공간을 만들고 나도 참여하겠다. 그러다 보면 이 세상 사람들을 지구는 둥글둥글 하니깐 다 만나게 된다. 내가 행복할 수 있겠지? 라고 내 마음에 내 모든 것을 기울여본다. 나는 예술로써 향유를 하고, 치유를 할 수 있는 그 어떤 것이든 프로그램을 만들겠다. 계속해서 평생을 이 직업으로 나의 창작의 즐거움에 몰두하고 싶다. 힐링예술가로서 단역이라도 혹은 주연을 맡을 수 있을지는 모르겠지만, 나도 무대에 함께 서고 싶다. 제발 힘내길. 당신도 나처럼 열정으로 무언가를 개척할 수 있는 개척가가 될 수도 있다. 두려워하지 마라. 지금까지 걸어 온 자신만의 삶의 믿음처럼 정체성을 발견하고 노력만 꾸준히 하면 된다. 그 끝에 당신의 '꽃' 하나를 피울 수 있을 것이다.

2장

감정 때문에
힘든 이유,
그리고
행복해질 수
있는 이유

01

감정에 지나치게
몰입하는 사람, 감정중독자

"나는 내 감정에 올인하고 몰입만 했다."

나를 있는 그대로 사랑해주는 사람이 없을 줄 알았다

나를 작가로 만들어주신 선생님인 작가 김태광 님은 말한다. 그저 주어진 것을 하나씩 이루어나가는 것으로 화를 멈출 수가 있다고 말이다. 나는 욕심이 너무 많았기에 만족을 몰랐다. 최선이 여기까지인 줄 알면서도 영혼이 나갈 정도로 나를 다그쳤다. 이는 '감정중독자'. 내가 지은 이름이다. 동일한 감정을 계속 느끼고 싶어 하는 사람이다.

자신의 감정을 통제하면 인생이 바뀐다. 나도 그리 자신을 관리하려고 한다. '슬픔'이라는 감정이 당신 인생의 전부는 아니다. '슬픔'은 나의 인생의 전체를 아우를 수가 없다. 사람에게는 다양한 감정 형태와 생각이 있다. 조심스레 자신의 감정을 만져보고 다루자. 그러니 화가 치밀어 멈추지 못할 때 그냥 주변을 봐라. 분주히 자신에게 맡겨진 역할에 맞게 사는 사람들과 적재적소에 배치되어 있는 사물들. 그냥 아무렇지 않게 돌아간다. 우리 자연스럽게 살자!

나는 '화'라는 감정을 '회피'라는 마음으로 표현하였다. 나와의 약속을 참지 못하고 도망쳐버렸다. 나는 늘상 어려움에 부딪히면 버티다 내가 지킬 수 있는 만큼의 약속만 지키고 뛰쳐나갔다. 나는 습관적인 분노 조절장애자였다. '화'라는 감정의 표현을 직접적으로 표현해내기가 어려워 다른 방향으로 빗나갔다. 어쩌면 당연하듯 제 자신을 속였다. 게다가 그 습관들이 모여서 실패할 수밖에 없는 나의 인생과 내 운명으로 이어졌다. 그래도 나는 이어갔다. 내가 할 수 있는 만큼 최선을 다했다.

책 『김이나의 작사법』에는 "가감 없이 풀어놓은 것이야말로 모든 것이 마법처럼 풀린다는 것"이라는 말이 나온다. 그렇다. 나는 그렇게 느끼고 있다. 나는 그래서 이렇게 계속해서 나를 다 폭발을 시켜본다. 그 뒤로는 울면서 나를 보듬을 수 있다는 것을 알기에. 풀어내라. 풀어내라. 풀어내라. 제발. 다음은 멋진 나를 업그레이드 시키는 시간이 된다.

원한다면 내게 경험하러 와라. 내가 아는 선에서 최선을 다해 도와드리겠다. 나는 당신이 화를 멈출 수 있는 조절법을 최선을 다해 알려드리겠다. 나는 나에게 감사하다. 내가 이런 소명을 가지게 되어서 말이다. 그리고 당신이 내 책을 읽고 있다는 그 사실만으로도 깊이 머리 숙여 감사 인사드린다.

나는 내가 정상인 줄 알았다. 감정 앞에서 끔찍할 정도로 진짜와 가짜를 모르고 인위적으로 만드는 줄은 몰랐다. 우리는 진짜 감정과 가짜 감정을 구별해야 한다. '잠깐의 멈춤'이 그 실마리를 한 올 한 올 풀어준다. 나는 나를 풀어내고 있다. 나는 '지금까지 가짜 감정으로 살고 있었구나.' 느껴진다. 내 속에 나를 꺼내면 꺼낼수록 나오는 것들이 너무 많아 기겁할 정도이다. 도대체 또 뭐가 있을까? 의문도 들고 신기하기도 하고 놀랍다. 나를 하나씩 알아가는 느낌이 든다. 그렇다. 우리는 끊임없이 자신이 왜 흔들리는지 찾아야 한다. 그동안 왜 속이고 살아왔는지를 심도 있게 찾고 판단해야 한다. 그래야 자신을 고치고 바로 설 수 있으며 그 화를 멈춘다. 또 자신을 세세히 살피고 앞으로의 미래를 설계할 수 있다.

난 '화'라는 감정 때문에 '배우'라는 직업을 포기하지 못했다. 우리 너그러운 마음을 가지자. 감정에 대해 차근히 열어보고 두드리고 시도해볼 필요가 있다. 밖으로 나가 신선한 공기를 마시며 꽃잎 하나를 주워보자. 나 같은 경우는 손에 만지면 녹아버릴 것 같은 봄꽃들을 보며 감정을 느껴본다. 당신에게는 감정이 있고 당신은 그것을 표현할 수 있다. 지금 당신 자신이 어떤 느낌이 드는지 말하고 다짐 하나 해보자. 내 경우는 이렇게 다짐한다.

'오늘도 사람들을 위해 일하자. 정말 그러자.'

자신과의 약속은 지키기가 어렵다. 그래도 노력해라. 까먹는 날도 있다. 누구나 사정은 있다. 힘내고 다시 시작하면 된다. 다시, 다시, 또 다시! 웃어라. 내가 죽을 힘을 다해 살아온 것처럼 미천하지만 나의 모든 힘을 다해 도와드리겠다.

아이들이 읽는 책 『감정부자가 된 키라』에서는 감정표현도 연습이 필요하다고 한다. 복잡하고 다양한 감정을 올바르게 표현하려면 왜 그렇게 표현하는지 심도 있게 생각하고 연습하라. 우리는 상대방을 바로 직시하고 봐야 한다. 그 사람이 느끼는 감정이 무엇인지를 우리 같이 노력하며 알아가자. 함께하면 무엇이든 할 수 있다. 그래야 미래가 열린다. 나는 부족하다. 우리 모두 다 부족하다. 그렇기에 완벽하지 않기에 서로 똘똘 뭉쳐 더 큰 것을 이루도록 해야 한다.

우리는 우리의 정체성을 알아야 한다. 그래야 화내는 일을 멈출 수 있다. 굳은 의지만 있다면 그리고 즐기며 함께 하기만 한다면 그 누가 뭐라고 하겠는가. 그러면서 그것을 해나가면서 이루면 된다. 행복하게 꿈을 꾸고 이루며 살기에 삶은 너무나 짧다.

세상에 치이면
누구나 신경이 곤두선다

"존재감 있고 없고가 문제가 아니다."

나도 사람이다

일을 많이 하면 할수록 우리에게는 '휴식'이 필요하다. 나는 캐나다에 있을 때 극도로 영어에 몰입한 적이 있다. 그때 'TUNU'라고 인도 출신 선생님이 계셨는데 "놀 때는 놀라."고 로비로 내몰았다. 여러분도 그렇게 일에 치이지 말고 재미있게 자신을 소중히 하며 살자. 우리 모두 자신의 존재에 대한 큰 자부심을 갖고 휴식도 꼭 취하자. 행복하게 일하는 사람. 그것이 당신의 이름이 되길 바란다.

나는 지나치게 몰입을 하다 물의를 일으킨 적이 있다. A무용단에 있을 때였다. B라는 이미지 단역을 맡기 위해 잠깐 머무를 예정이었다. 그런데 나는 7개월 가까이 있었다. 하고 싶은 말을 하지 못했기 때문이다. 그냥 닥치는 대로 그들의 스케줄에 내 스케줄을 맞춰 살았다. 계획은 수정될 수도 있고 '그래. 춤을 잘 배우자.' 생각했다. 벌었던 돈은 5만 원이 전부였지만 내 전부를 가진 마냥 내 운명인 줄 알았다. 나는 철이 없었고 말도 못했다. 결국에 쓰러졌다. 병명은 과호흡증후군. '나는 정말 뭘 해도 안 되는구나.'라는 부정적인 생각으로 가득 찼다.

모든 게 하얗게 불타버린 연료처럼 아프게 되었다. 누구나 일을 폭발적으로 많이 발생하면 이전에 있지 않은 존재가 되면서 지쳐 쓰러진다고…. 나는 정말 그랬다. 나는 '휴식'이라는 것을 전혀 몰랐다. 그냥 달려야만 하는 줄만 아는 '감정 조절 장애자'였다. 나는 이제 나를 안다. 그리고 컨트롤을 한다! 즉 감정 조절 할 수 있는 사람이 되었다. 책『때려치기 전에 직장인 분노 조절 기술』에서는 이렇게 사회가 공포를 조성한다고 한다. 나 역시 그런 사소함에 대해 엄청나게 민감하게 행동했다.

나는 누군가가 지각한 것에 대해 극도로 예민하게 굴었다. 그것은 상대가 아니라 내가 싫은 감정이었는데 그것을 알아차리지 못했다. 연기를 잘하고 싶은데 그것이 되지 않으니 별의별 사소한 일 가지고 민감하게 반응했다. 속으로 분개한 것이다.

당신을 허용해라. 사소한 실수를 민감하게 받아들이지 말고 그냥 나아가라. 그것이 나를 지키는 뻔뻔한 감정의 기술이다. 자신을 절대적으로 믿어라. 자신을 믿는 순간 당신의 앞길에 홍해를 가르듯 기적의 길이 펼쳐진다. 힘들면 주변에 이야기를 하자. 의외로 언제든지 들어준다. 우리는 외롭다. 누군가가 내 이야기를 공감하고 들어주는 것만으로도 '행복'하다는 것을 나는 안다. 지금 나는 처음으로 느끼고 있다. 진정한 아름다운 행복을!

아이들의 책『42가지 마음의 색깔』에서 '안타까워요.'는 가슴이 아프고 안쓰러울 때 느끼는 감정이라 한다. 가족과 전 재산을 모두 잃어버리는 순간, 나는 발톱이 빠지고 교통사고를 냈다. 화가 나서 자동차 창문을 깨기도 했다. 자신을 올바르게 잡으려 노력했지만 감정 조절을 못해 일을 일으켰다. 나는 나를 부여잡고 그럴 수 있다고 마음을 쓸어내리며 말했다.

'마음아, 그만 다쳐라.'

실수는 누구나 한다. 감정을 조절하자. 그렇다면 다 순조롭다. 이 세상에 완벽한 사람은 단 한 사람도 없다. 우리는 신이 아니다. "아프다. 고통스럽다. 이제는 벗어나고 싶다." 이야기해라. 말 안 하면 신도 모른다. 나는 엄마가 아픈신지 몰랐다. 나도 과대망상 환자였기에 '연기'에만 죽자 살자 매달렸다. 자, 일에 치이지 말자.

나도 누군가에게 꽃이었다

나는 경쟁시대에 패배자였다. 늘 지고 늘 미워하고 늘 아파했다. 이제는 그것을 180도 눈을 돌려서 세상을 다시 본다. 그것은 중요하지가 않다. '사람'이 중요하다. 보이는 것이 전부가 아니다. 우리는 자기 자신을 바로 보고 자신의 재능과 자신만이 할 수 있는 일이 있다. 진정하게 맞는 직업을 선택을 즐겁게 이성적으로 하자. 나처럼 엄한 곳에서 환상을 믿고 치이고 힘들어하지 말라고 말하고 싶다. 그 어떤 이도 당신을 대변할 수 없다. 당신이 가장 사랑하는 남편이나 당신의 부모님일지라도! 그리고 우리는 스스로 일어서고 세상과 함께 손을 잡아야 한다. 넘어질 때 같이 넘어지고 다시 손 잡고 한 자신만의 방식으로 미래로 나아가는 것도 알아야 한다. 제발 우리 일에 치이지 말자.

　나는 사람들이 내게 관심이 있는 것이 좋았지만 한편으로는 굉장히 불편했다. 내가 잘못된 길을 가고 있다는 그 시선들이 나를 괴롭혔다. 나는 지난 5년 동안 주부로 살았다. 아이 셋을 낳으면서 '아. 현실은 이런 거구나. 정말 환상에 젖어 살았구나.'라는 것을 뼈저리게 알았다. 그리고 인정했다. "내가 많이 아팠구나." 나는 잘 살겠다. 눈물 나게 힘들었던 과거를 잊을 수는 없다. 그러나 가슴 속으로 깊이 용서하고 이해하고 보듬겠다. 이제는 '희망'을 전하는 사람이 되어 앞을 바라보겠다.

　희망의 씨앗 끝에 행복의 열매가 자리 잡을 수 있다. 두드린다. 톡톡 내 어깨를 내 스스로가 수고했다고. 제발 일에 치이지 말자. 당신이 감당할 수 없을 만큼 아플 수 있으니깐. 이제는 당신은 더없이 한없이 소중한 존재란 걸 결코 잊지 말자.

　일에 치이고 힘들 때, 우리는 대화를 많이 해야 한다. 책『하브루타 일상수업』에서는 지시나 요구, 설명을 하기보다 질문을 많이 하라고 말한다. 그럼으로써 일에만 올인하지 않게 되고 여유를 찾을 수 있다고 말이다. 그리하여 건강한 자신을 바라볼 수 있다. 난 3번이나 출산과 육아를 반복하면서 내가 누군지 알 수 있었다. 내가 진정으로 바라는 이상이 무엇인지 알았다. 앞으로 어떻게 살아야 하는지에 대한 심도 있는 질문을 내게 할 수 있었다. 여러분도 자신에 대한 답을 찾을 때까지 꼭 그렇게 하길 바란다. 마음을 잡자. 늘 한결 같이 여유롭게 자신의 뇌를 자극하자. 그럼으로써 당신의 사고력이 높아진다. 그리고 어떠한 대답도 수용하게 되고 생각하게 된다. 그러다 보면 일에 치이지도 않고 즐겁게 살 수 있다. 나는 그런 성취와 고귀함을 영위했다.

03

**한없이 이상을 좇다 보면
현실이 아프다**

"한 치 앞을 알 수 없어도 길을 걷다 보면 내가 되었다."

내 친구는 오로지 나였다

그냥 웃고 그냥 걸으면 한결 마음이 새털처럼 가벼워진다. 왠지 뿌듯하고 내 숨소리가 귓가에 들리고 사는 것 같다. 사람들을 관찰하고 나를 돌아본다. 때론 내면의 소리만 듣지 말자. 밖을 보고 민들레 홀씨도 불어보고 힘껏 계단을 두 개씩 오르기도 하고 춤도 춘다. 아무도 안 본다. 설령 본다고 한들, 요즘 자주 쓰는 말처럼 '뭘들!' 하고 미소만 살며시 보내자. 당신은 어떤 방법이 맞는지 생각해보라. 없으면 나처럼 그냥 밖에 나가자. 벅차오를 만큼 새로운 바람이 내 마음에 산소로 가득 들어차진다. 진짜 재미있다. 인생은 그리 생각하면 그리 된다. 믿고 믿자. 그 마음에 별을 반짝반짝 광을 내자. 빛은 내면에서부터 시작한다. 그리고 스스로 빛을 내고 강약의 감정 조절이 쉬운 아름다운 사람이 되는 것이다.

책 『감정연습』에서는 '구체적으로 지금 감사한 점'을 써보고 "미친 듯이 감사하라."고 한다. 그냥 무조건! 자신이 생각하는 감사하는 일을 구체적으로 적으라는 소리이다. 나는 지금 느낀다. '감사하다.' 어떻게 감사하냐 바로 찾자. 지금 키보드를 누르는 내 손이 있어 감사하고 책을 쓰려고 모니터를 켜서 바라보고 있는 이 사실만으로도 감격스럽고 감사하다. 이렇듯 나는 내 눈에 감사가 습관적으로 보여 '화'라는 감정이 어느새 사라지고 현실을 보고 앞으로 나아가게 된다. 나쁜 생각이나 부정적인 생각이 들라고 치면 가차 없이 긍정으로 돌릴 수 있도록 노력한다. 그러다 보면 정말 긍정적으로 삶이 순식간에 변해버린다. 자, 자신을 온 천하에 상처를 드러내고 약을 고루고루 발라주는 모습을 보여주자. 그러면 자신의 감정을 조절하게 된다.

나는 바람의 창공을 느끼고 하늘을 보고 온몸으로 느낀다. 이루 말할 수 없는 '짜릿함'에 나는 살아 있음을 지금 생생히 몸소 가득히 느낀다.

나는 편안하다. 자연 속에 있고 나를 옥죄는 쇠사슬이 스르륵 풀어져버린다고 할까? 이 세상에 문제는 '나의 문제'였다는 사실을 깨닫는다. 나는 내가 '사랑의 구름'을 타고 핑크빛 노을 하늘의 이불을 덮은 것 마냥 물든 것 같다. 자신을 편안하게 하는 '자신만의 방법'을 찾자. 그러다 보면 당신은 예민하게 날을 세우지 않고 감정 조절을 할 수 있다. 까맣게 손 탄 마음을 무조건 최대한 편안하게 만들도록 노력하자. 자신이 가장 편한 상태에 일을 시작하도록 하자. 그리고 이어가자. 즐겁고 행복하게.

아무리 화가 나더라도 우리 같이 잘 지내자. 한 번뿐인 인생. 왜 우리는 서로 얼굴을 붉힐까? 잘 살아보자. 큰 개혁을 위해서는 우리는 함께 하여야 한다. 나누자. 상처를 나누는 일이 외롭고 고통스러운 투사의 느낌일지라도 우리는 같이 가야 한다. 공유하자. 때론 자기 자신에게 비수를 꽂는 말들을 나에게 해서 상처를 주었다면? 시간이 지나면 기억만 남는다. 아픔은 사라진다. 기억에 남았던 것들을 이제 웃으며 기쁘게 유머로 넘어가자. 스스로를 즐겁게 만드는 힘은 바로 지금 현재에 있다. 자신이 두 발로 지탱하고 서 있고 숨 쉬는 지금. 당신이 즐기는 삶이 진정한 자신의 인생이고 진정한 자신의 삶이다. 그러니 우리 감정에 너무 취하지 말자. 날 세우지 말고 행복하기도 아까운 이 시간에 감사하고 감정을 다스리자.

나는 MBN 뉴스에서 한 문장을 봤다. '한 생명을 구할 수 있는 힘을 주소서.'라는 말이다. 이 한마디의 스모키린의 '어느 소방관의 기도'처럼 살고 싶다. 내가 그런 구원을 받았기에 꼭 그런 사람이 되겠다고 오늘도 다짐한다. 나는 반드시 해낸다. 단지 나을 수 있는 생각만으로 당신의 마음을 어루만져주고 싶다. 또 들어 주고 앞으로 나아갈 수 있게 해주고 싶다. 책『욱하는 것도 습관이다』에서는 "욱하는 것도 유전인가요?" 질문을 던진다. 만약 그렇다면 우리는 당장 고쳐야 한다. 그래야 우리의 미래가 현재가 변화되어 분명히 달라질 수가 있다. 나는 지금 욱하는 감정 조절에 문제가 있다. 자신을 부여잡는 데 무진장 애를 쓴다. 고치자. 당신은 소중한 하나의 DNA이다. 사랑하자. 당신은 이 세상에 하나뿐이다.

현실의 가장 가까운 행복을 찾고 경험하고 어루만지는 '나'

자신이 선택한 결정이 과연 옳은 선택이었을까?! 자신이 원하는 대로 되지 않는다고 해서 왜 그렇게 화를 내서 자신의 화를 몸으로 가두는 것일까? 어떻게 하면 그 감정에서 삐그덕거리지 않을 수 있을까? 자, '현실을 인지!'라고 말하고 싶다. 바로 앞에 있는 상황을 있는 그대로 판단하라.

내 앞에 하나의 보온물병이 있다. 하얀색이다. 이 안에는 좀 전에 커피를 타둔 것이 있다. 마셔보자. 뚜껑을 연다. 들어 마신다. 꿀꺽 한 모금이 넘어간다. 뚜껑을 닫는다. 내 앞에 다시 둔다. 있는 그대로 보고 느끼고 커피가 마시고 싶어서 순서대로 하는 행동하는 것이다. 그렇다면 지금까지 있었던 화라는 감정에 압도당하지 않고 현실을 인지할 수 있다. 이 방법은 내가 현재에 집중하고 현실을 인지하는 중에 터득한 것이다.

책 『믿는 대로 된다. 긍정의 힘』에서는 "마음에 품은 독을 제거하라."라고 말한다. 그리고 자기 자신을 용서하라고 한다. 나는 실수투성이이고 문제아였다. 그 죄책감을 이제는 다 버렸다. 누구나 그럴 수 있다고 나를 토닥인다. 막무가내 위로가 아니다. 나 자신에게 주문을 거는 것이다. 우리는 힘을 내서 활기차게 자신의 의지대로 감정을 조절해야 한다. 세상과 하나가 되어 나아가야 한다는 소리이다. 솔직히 내가 책을 낼 수 있을지 없을지는 모른다. 일단 믿고 쓰고 출판까지 끊임없이 고민과 책 쓰기에 대한 연구를 할 예정이다. 단연코 감정에 날이 서지 않으면 다 된다고. 믿는다. 우리는 무엇이든 이룰 수 있다. 내 인생에 이런 날도 있구나.

감탄하는 날이 곧 올 것이라고 나는 오늘도 나를 굳게 믿고 있다.

우리는 어릴 때부터 좋은 습관을 들여야 한다고 생각한다. 그 이유는 그것이 평생 버릇처럼 자리 잡아 자기 자신의 인생을 좌지우지할 수가 있다. 내가 일상에서 '연기'하는 것이 습관처럼 자리 잡은 것처럼 말이다. 일과 일상을 분리하고 생각해야 하는데 난 늘 같이 생각해왔다. '연기'는 '허구'이고 '일상'은 '실제'이다.

자, 자신을 돌아보자. 그 습관들이 자신을 날 세우게 만들지는 않았는지 말이다. 우리는 감정 조절을 잘해서 우리가 행복한 삶을 누릴 수 있도록 노력해야 한다. 그리고 신나게 즐기자. 그래야 현재가 행복하고 미래가 행복하다. 삶의 문제가 생겨서 닫히는 문이 있더라도 계속해서 새롭게 열리는 문도 있을 것이라고 말이다.

나는 지금 현실에 서 있는 나를 바라본다. 한없이 이상을 쫓던 아픔은 사라져버렸다. 왜 배우를 했을까? 안 맞는 걸 알면서 너무 어리석었다. 나는 책 『내 감정에 서툰 나에게』 나오는 저자처럼 다이어리 쓰기를 좋아했다. 혼자 글을 쓰는 게 너무나 행복한 사람이었다. 나는 진작에 내가 즐기는 것을 했어야 했다. 깨끗하게 눈물로 씻겨진 나의 과거들이 이제는 보이지 않을 만큼 희미해졌다. 시간은 흐르고, 과거는 소멸해간다. 날

세울 필요가 없다. 조금 더 아파할 필요도 화를 낼 필요도 없다. 이제 홀로 있는 시간에 행복해한다. 혼자 있을수록 자신 있게 글을 쓰고 집중할 수 있어서 나는 좋다. 나는 사람들과 진정으로 함께 행복할 수 있는 법을 터득했다. 날이 서지 않도록 노력하고 감정을 조절한다. 부드러운 내 인생을 바라보고 함께 좋은 목표를 향한다.

04

감정도 쌓이고 쌓이면
언젠가 터진다

"깊은 고민은 지금을 사는 것이 아니다."

솜털 같은 자극에도 쉽게 무너지는 사람이었다

자신의 생명이 끊어질 것 같은 상황에서 누군가가 도와달라고 한다. 당신은 선택은? 살아남기란 여간 힘든 가운데 어떻게 해야 지혜로운 판단을 내릴까? 나는 라디오에서 세월호의 이야기를 들었다. 위태로운 상황임에도 불구하고 구명조끼를 나누었던 안산 단원고 학생들의 이야기! 코끝이 찡하고 가슴에 대포로 구멍이 난 것처럼 아팠다.

나는 내 감정에 취해 사람들과 어울리지 못하고 오랫동안 헤어나오지 못했다. 아차 하는 순간 후회할 일을 만들었다. 나를 정확히 아는 것부터가 시작이라는 것을 몰랐다. 진정한 출발을 서른여섯 살, 나는 작가가 되면서 확실하게 알게 되었다.

"이미 엎질러진 물이다." 툭하면 나는 화가 치밀어 내 몸과 마음을 컨트롤을 하지 못해 실패한 적이 있다. 아니 수두룩 빽빽하게 많았다. 한번 무너지면 와르르 했다. 다시 일어서면 되는 것인데 아니 나는 한번 무너지면 끝까지 다 무너졌다. 연거푸 반복했다.

슬픔과 우울함은 왜 자꾸 반복되는 걸까? 나는 남한테 욕을 먹기가 싫었다. 내가 원하는 것을 늘 말하지 못해 바로 눈앞에서 기회를 놓쳐버렸다. 지금도 나는 고치려고 노력한다. 나를 챙기려고 또 깨달으며 오늘도 0.1초라도 나를 성장하는 데 시간을 내려 노력한다.

난 다시 나를 붙잡으려고 노력한다. 현실적인 '힐링예술가'가 되고 싶다. 아니 영화든 연극이든 어떤 장르이듯 '힐링예술가'가 되고 싶다. 솔직히 나는 잘 모른다. 내가 할 수 있는 만큼에서 늘 최선을 다하고 나 자신을 컨트롤을 하겠다. 감정 부분에 대해서는 특히 잘 다스린다면 다 할 수 있지 않을까? 이것 또한 '망상'이지만 현실적인 퍼포먼스 하는 사람이 되어야겠다. 다짐하고 다짐한다. 책 『상처받지 않고 끝까지 사랑하기』에서는 이렇게 일컫는다. "중독은 전염병과 같다."고 한다. 나는 '행위중독자'이다. 이는 사회적 그리고 직업적으로 문제가 되었다. '배우'가 되고 싶다고 발버둥을 치고 미친 듯이 발악했던 것을 나는 안다. 하염없이 '배우'로서 부족하다는 것을 착각하고 심각한 환상이었다는 것을 말이다.

굉장히 후회스럽지만 이미 지나갔다. 무엇보다 '무조건 참기만 하면 언젠가는 터진다.'라는 말이 있다. 나는 오늘 노래를 배우고 싶어서 J교수님께 달려갔다. 나 같은 사람에게도 희망을 전해주신 유일한 사람이라는 생각이 들어서였다.

모두가 NO할 때 YES라는 희망을 주신 분. 이제는 안다. 내가 얼마나 어리석었고 그동안 얼마나 많이 참았는지 이제야 그 말을 한다. 나는 폭발적으로 그 말을 하기 위해 하남에서 애 셋을 데리고 부천까지 갔다. 그 'YES'는 위험한 도전이라는 뜻이라는 걸 나는 이미 알고 있었다. 나는 '뮤지컬 배우'가 되는 것이 그렇게 절박했나 보다. 10여 년 만에 그런 말을 하고 그러나 이것은 '사고의 망각'. 나에게 다시 물어본다. 제발 정신 차리라고! 이것은 '허상'이라고 그냥 '취미 뮤지컬'을 하자고!

돌아갈 수 없는 것은 붙잡을 수 없는 과거로 남겨두어보자

책『곰돌이 푸, 행복한 일은 매일 있어』에서 나를 사랑한다면 즐겁게 살수 있다고 한다. 나는 '배우'라는 길이 어렵다. 하지만 난 '힐링예술가'로 평생 남고 즐기고 싶다. 나는 예술을 사랑하고 조현병을 극복한 '최민정'이다. 간절히 하고 싶으면 이루어진다. 그동안의 오해가 있으면 만나서 풀고 소통하고 싶다. 나는 어떤 사람도 막지 못하는 큰 그릇이 된다. 좋은 기회를 다시는 눈앞에서 놓치지 않겠다. 뭐 난 사람이니깐 빈틈이 많다. 나를 허용할 때는 허용하고 통제할 때는 통제한다. 나는 나를 사랑하는 만큼 즐겁게 살 것이다.

'배우', 난 이 두 글자만 보면 가슴이 벅차올랐다. 참 어리석게도 내 적성과 주변 환경과 내가 진정으로 필요한 곳에 가서 살자고 다짐한다. 오늘 같이 무용을 배우던 동생이 내게 찾아왔다. 물고기는 물에 살고 새는 하늘에 사는 것이란다. 그 동생은 연극 치료를 이야기하고 사람마다 맞는 일을 설명하는 것 같았다. 내 인생을 통틀어 '배우'라는 직업을 택했던 순간들이 후회스럽다. 이제부터 후회 없는 선택!! 내가 즐길 수 있고 사명감을 가지고 할 수 있는 일을 하려 한다. 그 시발점은 바로 '작가!' 〈힐링치유예술공간센터〉의 장으로 끝까지 평생을 살아가겠다. 나는 최민정! 당당히 내 앞가림은 물론이고 대의를 위해 살겠다.

쌓아두지 말자. 응어리지고 있는 고민과 답답함이 있다면 이제는 직접 이야기하자. 상대는 직접 말해야 알아듣는다. 말을 하지 않으면 사람과 사람 사이에 틈이 벌어지고 돌이킬 수 없는 상처의 골만 남긴다. 때론 쉽게 뱉은 말 한마디가 다른 사람에게 비수가 될 수도 있다. 옛말에 '아무 생각 없이 던진 돌에 개구리는 맞아 죽는다.'고 한다. 나는 사람들의 말에 쉽게 흔들리고 큰 상처를 받았다. 참고 참다가 와르르 무너지고 지뢰밭을 걷는 것처럼 구멍이 나고 터져버렸다. 화산처럼 극심하게 솟아오르는 마그마 같은 용액 같은 감정이 에너지원이 되어 늘 달리며 살아왔다. 그러는 순간. 실수는 이미 저질러진 상태가 되었고 씻을 수 없는 죄책감에 몸부림쳤던 것! 여러분은 그러지 말자. 쉽게 혹은 어렵게가 아니라 상대를 위한 배려를 위해서라도 자신의 감정부터 먼저 조절하고 그 다음에 배려하자.

쉼이 없으면
인생은 꼬이기 시작한다

"식칼 같은 마음으로 매일 나를 갈고 닦고 그러지 말자."

생명처럼 만들고 사람들과 이어 가보자

나는 지금 또 감정에 날이 서서 나도 모르게 발길 닿는 곳을 걸었다. 어디로 튈지 몰라 날이 서면 일단 판단력이 흐트러진다. 나는 신선한 공기를 마시며 건물 한 바퀴를 돈다. 무언가에 취한 듯 홀린 듯 다닌다. 나를 위해 튤립 한 송이를 샀다. 예쁘다. 피다 만 꽃. 꼭 내 모습 같았다. 무제. 꽃. 그냥. 좋다. 작품의 이름을 붙여본다. 좋다. 남을 위해 살려고 노력하고 대의를 위하는 일을 하고 싶다. 이전에는 분명히 나를 챙겨야 한다는 것을 안다. 내 꽃. 그윽한 향내를 풍기는 튤립을 내 몸으로 채우고 나는 향기를 들이마신다. 민감한 나는 그냥 행복감에 젖는다. 다른 세계로 빠진 듯 기분 전환! 이쯤이면 됐다. '만족!' 이것이 진짜 중요하다. 우리는 감정이 격해지면 이성을 잃는다. 이것을 항상 조심하고 주의하자. 왜? 당신은 이 세상에 하나뿐이고 특별하고 소중한 존재이니깐 감정에 날이 서지 않게 조심하자.

hot! 그렇다. 나는 항상 그랬다. 날이 서 있는 식칼 같은 마음으로 뜨겁게 칼을 갈며 살았다. 그래서 나 자신에게 잘못된 방향으로 화살이 나아 갔다. 내 영혼과 내 육체를 다 죽이고 말았다.

'베어베터'는 '곰이 세상을 더 좋게 만든다.'라는 회사다. 이런 기업은 많이 나와야 한다. 나는 '사회적인 기업'을 꿈꾼다. 그렇기에 법인을 설립해야 한다. 얼마 전 세무서에 신청했다가 취소했다. 대출을 하려면 법인기업일 때 대출이 잘 나오지 않는다고 한다. 참으로 소신대로 살기란 참으로 어렵다. 나는 돈이 없다. 남편도 힘들지만 최대한 도와주려고 한다. 나는 내 스스로 사무실을 얻고 나의 용기만큼 나의 신조만큼 하고 싶다. 나는 '하남시'에 특별한 애정이 있는 만큼 하남에 나의 사무실과 연습실을 꾸렸다. 예술로서 표현되는 그 무엇으로 사람들의 마음과 몸을 달래주고 싶다. 훗날 장애인들도 포함해서 고용인들도 만들 예정이고 함께 꾸려갈 것이다. 더디더라도 좋다. 나는 그 누구라도 사랑하고 좋아하고 함께하고 싶다.

나는 고난의 입시 시험을 치루고 합격을 했다. 꿈을 이뤘다. 이 꿈은 나의 감정이 극도로 달해서 이룬 잘못된 꿈이었다. 감정이 선택한 꿈이었다. 적성과 주변의 이야기를 듣고 선택을 안 해서 나는 자꾸 무너졌다. 애써 괜찮은 척, 행복한 척, 잘하는 척하고 다녔다. 보기에는 엄청 힘들어 보이고 가여워 보였을 텐데 말이다. 나는 도대체 왜 그랬을까? 계획적으로 사는 삶을 살고 싶었지만 자꾸만 벽에 부딪혔다. 환상의 꿈. 이상과 상상이 지나쳤다. 그러니 감정도 극도로 갔다. 그러면서 인생이 꼬이고 내 마음처럼 되지 않는다고 내 마음대로 만들고 싶어서 안달이었다. 결국에 고통스러운 감정에 질질 끌려다니며 살게 되었다. 나는 이때 자신의 감정을 관리하고 컨트롤 했음을 이제야 뼈저리게 깨닫는다.

책 『감정을 선택하라』에서는 내가 통제할 수 없는 일들도 나한테 왔으면 다 받아들이라고 했다. 그로 인해 감정적 에너지를 수용하고 통제할 수 있고 습관이 바뀐다. 당면한 과제를 긍정적으로 돌릴 수 있다고 말이다. 나는 그랬다. 감당을 할 수 없을 것 같다고 계속 생각했다. 잘못된 길을 걷고 있다는 것을 알고 있으면서 난 왜 멈추지 못하고 직진했을까? 난 왜 부정적인 생각에 갇히면서도 배우의 길을 걷고 왜 몸부림을 쳤을까. 나는 20대를 고통과 환희가 교차하면서 살았다. 이제는 그 수 많은 감정 형태들을 다 받아들이고 버릴 것은 버리고 나아간다. 현실에 맞게 내 꿈에 맞게 하나씩 만들어가면 된다는 걸 나는 알게 되었다. 나의 집중력과 능력치를 과학적으로 접근하고 실행해가고 싶다. 나는 큰 꿈을 그리고 실천하고 있다.

그동안의 나의 용기에 박수를 쳐주고 싶고 잠시 쉬어가고 싶다. 자신을 돌아보면서 천천히 바람 부는 대로 간다. 왜 그렇게 욕심을 내고 완벽주의자적인 신경질적인 사람으로 살아갔는지 후회스럽다. 이제는 여운이 있고 여백이 있더라도 아름다운 사람다운 사람이고 싶다. 그렇게 사람을 잃고도 아무도 믿을 사람이 없다고 생각했던 지난날들이여. 나는 그 누구에게도 마음을 주지 않고 살았었다. 서른 살 넘어서 학교에 들어온 A언니도 학교에 늦게 편입하고서 나를 의지한다고 했다. 하지만 난 이미 마음이 썩을 대로 썩고 곪아 믿고 싶지 않았다. 한편으로는 내 곁을 언젠가는 떠나겠다는 불안감에 초조하고 믿고 싶지 않았다. 그 언니도 학교에 물의를 일으키고 실수를 보였다. 다시금 자신의 실수를 인정하고 나아가는 모습이 지금 봤을 때 너무나 멋있었다. 아니 아름답고 빛났다. 나도 그녀처럼 실수를 인정하고 나아가고 싶다.

책『딸은 엄마의 감정 쓰레기통이 아니다』에서는 말한다. 주변에 비교 대상이 없으면 엄마 말만 곧이곧대로 믿게 된다고 말이다. 자기 자신의 판단의 경계선이 무너진다는 뜻이다. 나는 그랬다. 나는 학교 때 또 감정의 날이 서서 인생이 꼬였었다. 과하고 삐딱한 열정 때문에 어떤 후배는 나를 이상하다고 생각하는 것을 나도 느꼈다. 나는 내 앞가림하기 바빴기 때문에 참아냈다. 큰 소리 한 번을 못 쳤다. 수군수군 대고 선배들이 앞장을 서서 길을 못 잡아준다고 대놓고 무시했다. 난 이끌어 갈 힘이 없어서 아니 그런 생각 때문에 후배들을 못 이끌어주었다. 결국에 나는 수많은 비난을 받았다. A교수님도 "제발 다른 길 가라."라고 했다. 그때 나는 세상을 다 잃은 느낌이었다. 하지만 그 말씀이 지금은 나에게 큰 동기를 주었고 잊지 못한다.

23살 때 음악학원에서 알바를 할 때 드럼선생님께서 책을 주셨다. 주신 책인 『좋은 아침』에서 친구 제니퍼가 "다 지난 일을 어떻게 하겠니?"
라고 말한다. 과거 상처에 묶여 있는 케이티에게 위로를 건넨다. 제니퍼
는 후배들에게 마음에서 우러나오는 관심을 보여주고자 한다. 그렇다.
"관심!" 애정 어린 말과 사랑하는 마음만 있다면 그 어떤 것도 해결할 수
도 있다고 말하고 싶다. 그러니까 제발 감정에 날이 서지 않도록 주의하
자! 감정이 날이 서면 당신의 인생은 내가 걸어온 것처럼 꼬이고 비틀어
지고 넘어지게 된다. 자, 자기 자신을 꽃보다 사랑하자. 감정에 날이 서
지 말자. 한 감정에 취하지 말고 다채로운 감정을 '힐링예술'로써 느껴보
자. 절대 인생이 꼬이지 않을 것이다.

사랑은 모든 것을 덮는다

어쨌든 나는 졸업은 했다. 내가 선택한 일에 책임을 지기 위해서 아빠
랑 꼭 약속했다. 그렇게 나는 해냈다. 이순재 교수님은 배운 공부를 계속
하나씩 하다 보면 '최고'가 된다고 말씀해 주셨다. 나는 사전을 보면서 한
단어의 뜻도 열심히 찾아보면서 공부하고 소리 내고 연습을 한다. 더디
지만 나는 이런 공부를 하면서 나의 '힐링연기'를 하고 싶다. 코러스면 어
떠랴? 무대에 서면 나는 그것으로 세상에서 제일 멋진 배우가 된 것만 같

다. 아버지는 아동극을 추천해주셨다. 워낙 아이 같고 내 이미지에 맞아서일까? 실제로도 주변에서 유튜브를 해보라고 '너는 아이 넷도 낳겠다'고들 한다. 나는 좋다. 이런 나를 좋아한다. 우리 노력하자! 감정에 날이 서지 말고 다른 방법으로도 재미있게 꿈을 이룰 수도 있다.

나는 순수했다. 아직도 순수하다. 순진하지는 않지만 내 '순수함'은 끝까지 버리지 않고 살고 싶다. 나는 솔직히 ' 그 어떤 누구도 믿을 수 없다.'는 생각으로 살아왔다. 그렇기에 세상 모든 것이 힘들었다. 걷는 것조차 숨 쉬는 것조차 너무 어렵고 머릿속은 항상 지진이 나 있었다. 해결되지 않은 문제에 대해 끝이 없이 생각하고 해결될 때까지 물고 늘어졌다. 답이 있다고 해결 방법이 있을 것이라고 계속 생각했다. 그렇게 나는 '쉼'이라는 것을 전혀 몰랐기에 항상 스트레스와 함께 인생이 순탄치 않았다. '인생'이라는 것이 감정만 조절하면 '자신이 생각하는 대로 된다는 것'을 왜 나는 몰랐을까? 기분 좋은 행복감을 많이 생각하고 쉽게 그리고 순탄하게 이룰 수 있었을텐데 말이다. 왜 나는 어렵고 힘들게 밑바닥만 보았을까? 아무래도 나는 내가 싫었고 감정에 많이 날이 섰었다. 아무렇게나 내 식대로 사는 '인생 망나니'였기 때문이다.

나는 구겨지고 찢긴 당신의 마음을 쫙쫙 펴드리겠다. 스스로 자신을 바로 서게 해드리겠다. 내가 가지고 있는 경험과 지식으로 턱없이 부족하지만 계속 쌓으면서 퍼주겠다. 알게 해드릴 것이고 해내고 알릴 것이다. 꼭 장애인뿐만 아니라 이 세상에 모든 사람들을 행복하게 해주는 사람이 될 것이다. 마지막은 '힐링 축제'도 계획 중이다. 이 세상 사람들을 깜짝 놀라게 해주고 싶다. 바로 이것은 '공상'이지만 나는 현실에서 차근히 올라가고 있으니 '허상'만이 아니라고 믿고 싶다. 나는 할 수 있다. 여러분도 할 수 있다. 내가 커가는 것을 멀리서 지켜보면서 응원해주시길 바란다. 물질적, 정신적으로 아무런 도움이 되지 않아도 좋다. 내 책을 읽고 있는 당신이라면 나는 난 큰 힘을 얻었다. 가슴 깊이 '고마운 책갈피'처럼 당신의 마음을 간직하겠다.

감정의 노예가 되면
주변이 보이지 않는다

"꿈을 잡는 감정은 본인 스스로가 하는 것이 맞다."

그 어떤 누구도 내 감정을 대신해서 바로 잡아줄 수는 없다

우리 엄마는 항상 책을 부적처럼 달고 다니셨다. 그런 끊임없는 배움의 배고픔을 늘 나에게 투영하셨다. 자신이 배우고 싶은 것들은 항상 나랑 같이 하고 싶어 하셨다.

"나도 한문이 좋은 것은 알아요. 하지만 나는 엄마가 아니잖아. 나도 내 꿈이 있는데."

이야기해도 막무가내이시고 소리를 지르시며 듣지 않으셨다. 이제 나는 내 감정의 주인이기에 애걸하지 않는다. 이성적으로 판단하고 엄마가 상처받지 않는 선에서 거절을 한다. 쉽지 않아도 과거처럼 흔들리는 사람이 되지 않겠다. 내 인생의 주인공은 나다. 나는 나의 정체성을 확실히 찾은 후부터 내 감정의 주인이 되었다. 여러분도 할 수 있다. 궁금하면 해결할 수 있을 때까지 갖은 방법을 다해 탐구하고 연구하라. 겉은 들꽃처럼 하늘거리나 속은 진홍빛 색깔을 가진 진정한 최민정의 모습을 나는 찾았다. 당신도 진짜 자신의 모습을 만나자.

어느 유명한 철학교수가 강의시간에 한 말이 있다. 쉽게 풀어서 설명하자면 그는 책으로 설명하지 않았다. 대신 커다란 플라스틱 상자 안에 공을 집어넣었다. 그다음에는 자갈을 넣었고 다음으로는 모래를 집어넣었다. 여기서 공은 가족과 친구이고 건강이다. 자갈은 일과 취미이고 모래는 그 외에 자질구레한 일들이라고 했다. 여기서 중요한 쟁점은 자질구레한 일만 하면 정작 소중한 가족과 친구와 건강을 잃어버린다.

나는 그랬다. 그래서 모든 것을 잃었다. 매번 나는 내가 하고 싶은 일에만 집중했다. 한마디로 천덕꾸러기 대마왕이었다. 자기 자신을 뛰어넘으려고 늘 자신만 생각했다. 결국 나는 '배우'라는 꿈에 다가가지 못하는

'절대 금지'인 사람이었다는 사실을 알게 되었다.

나는 항상 내 감정을 믿고 따랐다. 그리고 내가 원하는 것을 전부 다 성취했다. 내가 바랐던 '배우'도 되었고 사랑도 친구도 원한다면 내가 원하는 곳에 가는 그런 사람이었다. 그런데 나는 늘 허무감과 공허함이 밀려왔다. 잘하고 있고 열심히 살려고 아등바등하면서 잘 살아왔는데 무엇인가가 나의 발목을 사슬처럼 붙잡았다. 그것은 '나의 가족'이다. 나는 이런 사고방식 자체가 잘못되었다는 것을 통렬하게 깨닫는다. 이 얼마나 어리석은가! 내가 얼마나 이기적인 사람이었는지……. 아빠, 엄마, 동생은 나로 인해 어떤 영향을 받았는지 지금에서야 그 고통을 장대비 맞듯이 맞고 있다. 온전히 두 팔 벌려 온 힘을 다해 받고 있다. 나는 한 가족을 무너뜨린 나쁜 사람이었다. 이제는 내 감정의 주인으로 살면서 나를 성장시키고 가족을 그리고 사회를 위해 헌신하겠다.

책 『감정은 습관이다』에서는 "도움이 되는 새로운 관계에 익숙해져라."라고 말한다. 자신에게 관심을 가져주고 친절하게 대해주는 사람들에게는 특히 말이다. 당신이 결정해라. 그것에 대해 책임을 져라. 당신의 감정은 당신이 주인공이니 선택은 당신의 것이다. 나는 내가 원하는 곳에 반드시 나아갔다. 나는 칠레에 있는 소중한 친구가 있다. 마리아(Maria)

는 나이가 돌아가신 아빠보다 많지만 소중한 친구이다. 늘 내 곁에 마음
적으로 힘이 되는 친구이다. 나는 "꼭 놀러 오라."고 당부했던 친구가 생
각이 나서 지극히 단순하게 '지금이야.'라며 어처구니없는 이야기이지만
칠레로 갔다. 나는 그만큼 감정이 이끄는 대로 선택하고 행동하는 여자
였다. 한마디로 누구의 말처럼 무모한 사람이었다.

나는 감정의 노예였다. '감정'이 가리키는 쪽만 향했다. 아무것도 보이
지 않는 장님처럼 나는 '배우'가 되기 위해 할 수 있는 방법을 모조리 다
총동원을 했다. 그렇게 열심히 하는 것처럼 보이지 않는다고 비난하는
사람도 수두룩했지만 아니 대다수였지만 나는 늘 최선을 다했다. 경계선
장애인인 줄도 모르고 죽을 만큼 숨이 다하도록 노력했다. 무모하다고
비웃는 친구도 더러가 아니라 '다'였다. 나를 쥐도 새도 모르게 외면한 친
구도 있었다. 내겐 크나큰 상처였고 나는 살아 있는 것과 눈을 뜨고 있는
것도 힘들었다. 겨우 숨을 헐떡여 가면서 내 꿈을 믿었다. 버텨야만 그래
야만 내가 얻을 수 있는 것이 반드시 있다고 숙명처럼 믿었다. 나는 참으
로 집착과 미련이 많은 사람. 나의 이름은 '최민정'이었다.

여러분은 얼마나 자신의 감정이 이끄는 대로 나아가는가? 그것이 무

모할지라도 '내 감정을 믿고 따르는 것이 삶에 정말 중요하다.'고 나는 생각한다. 너무 무리한 결정은 '가족'에게 크나큰 '상처'가 된다. 나의 엄마는 딸이 하고 싶은 것은 무조건 다 해주는 하염없이 희생적이셨다. 뭐든지 수긍하고 '오케이!' 알겠다고 말하셨다. 주는 사랑만 아시고 받는 사랑을 못 하셨다. 전혀 자기 자신을 사랑하는 법을 모르셨다. 말 그대로 '천사'이셨다. 한 예를 들겠다. 살아 있는 문화재 이순재 배우의 이야기이다. 배우와 배우 입장에서 보겠다. 나는 3학년 2학기 수업 때 그 어떤 그 어느 누구보다 이런 배우는 없다고 느꼈었다. 이미 대배우이시지만 절대 흐트러지지 않고 해이해지지 않게 살아가는 것을 몸소 보여주셨다.

현시점의 나는 전보다 훨훨 나는 느낌으로 나아졌고 내일은 훨씬 더 나아져 있을 것이다. 나는 한 발 한 발 눈 감고 입을 막으며 손으로 발로 휘 저어가면서 내가 상상하고 원하는 내가 된다고 믿었다. 나는 내가 믿고 확신하는 것에 대해 일명 촉이 좋은 창조적이고 진취적인 사람이라는 것을 잘 안다. 그렇기에 나 같은 사람의 성격을 가진 이가 '배우'라는 꿈을 꾸고 꿈을 이룰 수 있었던 것이니깐. 나는 정말 또라이 중에 속된 말로 '개또라이'였다. 남편한테 미안하지만 사랑도 친구도 아이도 다 '연기'를 잘하고 싶어서 진행한 나의 계획이었다. 나는 계획을 종이에 써 내려

갔다. 이루었고 작가가 되어 더 큰 꿈을 꾸고 이루어나가고 있다. 나는 나쁜 사람이었다. 이제는 그러지 않고 상의하고 물어보겠다. 함께 가야 할 목표를 그려가고 세상 사람들과 소통하겠다. 이 세상에 마음이 아프신 모든 분들을 위해 나아가면서 나는 나의 감정을 조절할 수 있고 내 감정의 주인으로 꼭 살아가겠다.

내 감정의 문을 열고 닫는 바로 내 자신이 하는 것!

Koera TV에서는 경복궁 근처에 '글소리 북스'를 만들었다. 자신의 감정을 표현하고 만들어가는 과정에서 사람들에게 깊은 희망과 소원을 드는 창작물이다. 나는 이런 것을 만들고 싶다. 글이 주는 행복함을 나는 알고 있다. 그리고 자신만이 소중히 간직하고 만들어갈 수 있다면 이보다 좋은 것이 어디 있을까? 나는 "당신에게 당신의 소원은 무엇입니까?" 라고 묻고 싶다. 나는 캐나다에 있을 때 〈그레이스 아나토미〉의 아시아 여배우 산드라 오를 보면서 영어 공부를 했다. 1편 보기도 얼마나 어려웠던지 너무 힘들었다. 모르면 넘어가는 수월함이 있어야 했는데 나는 안 들리니 계속 반복했다. 영상의 처음 부분만 보고 또 보고 진도가 나가지 않고 맴돌았다. 나는 그때 굉장히 스트레스를 받았다. 그냥 편히 즐기면 되는데 왜 그랬을까? 그냥 아는 부분에서 조금 더 알게 된 부분에 소소한 만족감만 느끼면 되는데 왜 그랬지? 배우 산드라 오는 제 76회 골든글로브 시상식에 진행자로 올랐다. 마이너리티의 승리의 여신이다. 그녀는 자신의 감정을 잘 조절해서 버티고 해내고 꿈을 이룬 사람이다. 닮고 싶다.

이순재 교수님은 수업 때 바쁘신 가운데도 한 번도 수업 시간에 빠지지 않으셨다. 공연으로 작품을 올리는 중인데도 공연의 결과물보다 제자 한 명씩 신경을 쓰시고 조언해주셨다. 연기가 늘 수 있도록 늘 출석하시고 함께하셨다. 어느 추운 겨울날. 자판기 커피 한잔을 다소곳 전하는 보잘 것 없는 나의 손길에도 그저 잘 받아주시는 모습에서 나는 또 눈물이 날 정도로 감사했다. 그때 당시에 손이 덜덜 떨렸다. 뭐 지금도 이 순간에 다시 뵈면 그렇겠지만 정말 멋지셨다. 정말 자신의 제자를 키우는 입장에서 어떻게 올바르게 연기를 가르쳐야 하는지 잘 아시는 '배우'이기전에 '선생님'이셨다. 나는 자신이 아픈지 건강한지도 모르고 환상과 착각 속에 부단히 미치게 살아왔다. '감정'은 우리의 모든 것을 지배한다. 자, 정신을 바로 잡고 똑똑히 챙기자. 내 감정의 주인은 바로 내 자신이기에 감정 조절을 하자.

내 감정의 주인은 나 자신이다. 지금 나는 나를 통제하면서 부엌에서 키보드를 투툭 두드리면 책을 쓰고 있다. 내가 저지른 일에 대한 나와의 약속을 지키려고 지금 내가 몰두해야 할 계획에 맞춰 움직인다. '나는 잘 해낼 수 있다!'고 수천 번, 수억 번 주문을 걸고 있다. 이렇게 자신만의 신념으로 믿고 나아가면 뭐든 된다. 자, 움직여라. 움직이지 않으면 아무것도 할 수도 얻을 수도 없다. 지난날 실패에 대한 기억들은 싸그리다 모조리 쓰레기통에 버려라. 자신이 가져가야 할 '본질' 그것만 있으면 된다. 오직 그것뿐이다. 우리는 우리의 몸도 영혼도 다 우리의 소유물이 아니라는 것을 알아야 한다. 태어나고 죽음을 맞이하기까지의 끝없는 순환의 소용돌이 속에 살고 있음을……. 우리는 세상을 크게 보고 자신을 세상 속에 던져진 자기 자신을 내려다 볼 줄 알아야 한다.

07

감정을 모르면
끌려다닐 수밖에 없다

"부진아. 이유 없는 원인이 있을까?"

나를 세심히 맡으며 꽃봉오리 여문 나를 알 수 있었다

나는 내게 했던 말들이 너무 싫었다. 보여주기 위해 나 자신을 정신적

으로 육체적으로 학대했다. 아프지만 "아프지 않다."라고, 괜찮지 않으면

서 "괜찮다."라고 나는 말했다. 진짜 기쁨과 행복을 모르면서 '행복한 척'

했고 착각하면서 다녔다. 사실 나는 아팠다. 무지하게 많이. 사람들은 내

게 말했다.

"민정아, 괜찮아?"

나는 나를 몰랐다. 늘 눈앞이 깜깜하고 하루살이보다 더하게 버티며 살아왔다. 내가 아픈지를 아는 건지 모르는 건지 그냥 살았다. 나는 감정을 애써 숨긴 채 내가 없는 채 그림자 같은 느낌으로 보일 듯 말듯하게 살아왔다. 그러니 '배우'가 되기 위해 노력을 해도 '연기'의 진도가 나갈 수가 없었다. 한마디로 매일 기초에서 머문 것이다. 한 번 끝나면 마무리 짓고 다시 이어갈 수 있어야 하는데 나는 그것을 아예 몰랐다. 지지부진했다. 나는 이제 나 자신을 안다.

나는 내 직업이 안 맞는 걸 몸으로 정신으로 알면서 오기로 계속했다. 책 『영원히 살 것처럼 배우고, 내일 죽을 것처럼 살아라』에서 나온 사람처럼 정말 미친 사람처럼 살았다. 긴장을 너무 해 진짜 온몸에 전율이 흐르고 '와, 장난 아니다!'라고 생각하면서 나는 왜 '배우'라는 직업을 지속했을까? 내 안에 불씨는 아직 꺼지지 않았다면서 나의 열정으로 버티겠다고 했다. 나는 쉼을 몰랐다. 자꾸 넘어지고 자신만의 생각에 갇힌 폐쇄적인 사람이라 자꾸 아팠다. 이는 내가 경계선 장애인인 것을 몰라서였다. 나는 오로지 혼자 있는 시간을 좋아하는 아이였다. 나는 유치원, 초등학교, 중학교, 고등학교, 대학교에 다니면서 계속 왕따였다. 친구가 있어도 솔직한 마음으로 다니지 않으니 항상 긴장감과 스트레스를 가슴에 달고 살았다.

나는 감정을 잘 몰랐기에 이제는 세밀하게 느껴가며 잘 알아간다. 후회할 줄 알면서 반복적으로 화를 내는 '분노 조절 장애' 증상 중에 '습관적인 분노 폭발형'이다. 정신과적인 상담을 통해 외상후 스트레스 장애, 우울증, 불안장애 등등 다른 적응 장애와 구별되어 진단될 수 있다고 〈아시아 투데이〉에서는 말한다.

나는 습관적으로 화를 냈다. 자신에게 화를 계속 내고 뿜고 있었다. 나는 잘 못한 것들을 후회한다. 미국정신의학회에서는 이를 'hwa-byung'이라고 말한다. 화병이다. 우리 말 그대로 등재할 만큼 '참는 것이 미덕'이라 생각하는 우리나라에서만 발생하는 병이라고 특별히 인정하고 있다. 나 역시 늘 그랬다. '화병'을 폭발적으로 억누르고 있었다. '습관적인 분노 장애자'로 툭하면 화가 나는 것을 표출을 하지 못하고 압력을 다해 내 몸과 머리에 입력시켰다. 띠리릭! 어떤 선배가 뭐라고 한마디만 하면 가차 없이 SNS 끊어버리고 미워했다. 나를 인정해주지 않았다고 심통

난 어린아이였고 이기적이고 못된 아이라는 사실을 말이다.

책 『때려치기 전에 직장인 분노조절 기술』에서는 '화'를 생각하고 사용하라고 한다. 화를 엄한 곳에 쓰지 말고 긍정에너지로 바꾸라는 이야기이다. '화'의 에너지를 울트라 파워에너지로 바꾸고 '화'랑 친구를 하면 세상 무서울 것도 없고 편안해진다고 여겨진다. 나는 멈추기가 싫었다. 포기가 싫었다. 내 꿈은 오로지 '배우'라는 한 길이라고만 신념처럼 굳게 믿고 살아왔기 때문이다. 다른 누군가의 조언은 듣지 않고서 그랬다. 참으로 나는 최고의 '독고다이'였다. 대한민국의 대단한 그리고 무모한 '의지의 한국인'이였다고 입시 선생님께 조롱을 받기도 했다. 나는 그런데 꾹꾹 참았었다. 그래야만 하는 게 당연한 건 줄 알았다.

나는 나를 인정하기 싫었다. 내 모습이 너무나도 외롭고 초라한 모습이라 자신을 올바르게 직시하고 쳐다보기가 싫었다. 학사 편입을 했을때도 이미 몸은 다 지쳤고 기초 연기를 듣지 않고 바로 중급 연기부터 시작한 것이다. 처음부터 다 다시 하기 싫었다. 나는 지쳤었고 나를 직면하기 싫었다. 결국에 무대에서 편안히 연기할 수 없었다. 철저하게 자신을 숨기려고 하는 다 내 작전이었지만 누구나 다 아는 지나가던 개가 보아도 알 수 있었다. 그때 당시 입시 선생님이 주신 큰 상처가 나를 미쳐버리게 했었다. 나는 그랬던 이유를 모르고 하얀 막을 각막에 덮고 이해하지 못하고 온몸을 사시나무 떨 듯이 지냈다. 난 비치백처럼 뻔히 다 보이는 거짓말과 비밀을 아무렇지 않게 하고 다녔다. 하나도 안 아픈 척을 했다.

우리는 연애를 하다 보면 혹은 결혼을 하다 보면 예기치 못한 상황들을 많이 겪게 된다. 이를 당신은 어떻게 극복하는가? 참아내기? 용서?! 넘어가기? 혹은 '이별'이라는 딱지를 과감히 붙이고 마무리하는가? 책 『모든 순간이 너였다』에서는 서로의 어떤 모습이든 차별 없이 사랑하라고 한다. 친구보다 친구 이상인 것 같은 즐거운 연애를 하는 것이 행복한 연애라고 던지듯이 말을 건넨다. 나도 그렇다. 나는 나의 '감정 소용돌이'를 이겨내지 못하고 오늘 화를 내었다. 내가 못나서 내 몸이 지쳐서 그런 것인데 상대에게 화를 돌렸다. 나쁜 여자, 나쁜 사람, 미친 사람. 그게 바로 '나'였다. 이 자리를 빌어 우리 남편에게 고맙다고 사과한다고 진심으로 이야기하고 싶다.

나를 드러낸다. 진짜로 다른 사람들한테는 별일도 아니다. 누가 뭐라고 하든 보든 상관하지 않고 개의치 말라. 현실을 받아들이고 나를 인정하자. 나는 오늘도 보이지 않을 만큼의 미세먼지 만큼의 마음의 키를 키운다. 단단해진 가슴의 별이 내게 못 박혀 꼬맸다. 이제는 진정으로 아프지가 않다. 이렇게 비로 인해 벚꽃이 후두둑 다 떨어지는 오늘. 나는 나를 고쳤다고 느낀다. 36년 만에 처음으로 나를 찾은 오늘. 아무래도 난생처음이라 벌거벗은 느낌이지만 순수하고 뚜렷해진 나의 목표가 빗물로 다 씻겨 내려간 것만 같다. 마음이 이렇게 편해질 수도 있구나. 처음으로 감정을 느껴 본 아이 같다. 다시 태어난 아이처럼 또 새벽 창가에 문을 열며 새벽향을 맡고 세상을 맡으며 느껴본다. "아, 바깥 공기다! 나가고 싶다!" 당신도 감정과 마음을 나처럼 고칠 수 있다. 연락해라. 친구로서 난 당신의 이야기를 끝까지 들어주고 내가 가진 경험과 생각들을 모두 내어주겠다.

아이를 눈에 보이는 행동에만 초점에 맞춰서 나무라는 경우가 있다. 그것은 아이의 감정을 무시하는 행동이라고 책 『최성애 · 조벽 교수의 청소년 감정코칭』에서 말한다. 그 행동을 수정하려고 지적만 한다. 이럴 때 그 아이의 감정은 더 격하게 변하게 되고 돌이킬 수 없다. 나는 초등학교 5학년 때 옆에 친구가 자꾸 괴롭혀서 "건들지 마!"라고 했다. "계속 그러면 선생님한테 말한다."라고 했다. 결국 그 친구는 "어디 말해봐."라고 계속 괴롭혀 나는 화가 폭발했다. 수업 중간에 교탁 앞으로 달려가서 담임 선생님께 "선생님! 옆에 애가 괴롭혀요!"라고 했다. 선생님은 "똑바로 앉아!"라고 말만 할 뿐 아무런 조치를 해주시지 않았다. 난 그렇게 선생님한테 무력감과 적대감이 생겨버렸다. 우리나라 교육은 이렇게 아이의 감정조차 달래 주지 못했다.

이미 어긋난 감정은 구겨져 다리고 다려도 아무도 손 내밀지 않는다

나는 어떤 어려움이 있더라도 살아나올 수 있다는 것을 알기에 나를 부여잡는다. 나의 화는 이제 다 풀렸다. 우리 후회할 일은 만들지 말자. 우리 행복하게 살기에도 부족하고도 넘치는 시간이다. 시간의 자유로움에 빠지자. 이성과 감성을 고루고루 섞어가며 자신에게 숨을 넣어 자신의 길을 걷자. 박혜경의 노래처럼 신나게 따뜻한 봄날처럼 자기 스스로가 자신을 만들자. 쉽다. 그렇게 생각하면 그렇게 된다. 생각이 사람을 바꾸고 인생을 바꾼다. 다시는 슬픈 선택과 아픈 선택을 하지 말자. 자신에게 맞는 선택과 꼭 필요한 자신의 인생을 만들고 개척하자. 나는 부족하다. 잃어버린 글들이 어디로 갔는지 찾을 수가 없다. 그래도 이어간다.

나의 '화'라는 엉킨 실타래를 풀듯 글을 썼고, 즐거운 '작가'가 되었다.

　나는 왜 이렇게 똑같은 선택의 패턴을 가지고 있는지 자신을 점검하자. 나는 실패의 길을 왜 자꾸 걸었을까? 전혀 반대의 성격을 가지고 있는 정적인 아이가 왜 '배우'라는 직업을 갈구하고 목을 메고 살았을까? 나는 이렇게 생각한다. 그동안 나를 내가 모르는 것이었다. 지식이 부족했고 폐쇄적이었다. 나는 나를 인정하니 마음이 편해지고 미래로 가는 법을 알게 되었다. 현재를 재미있게 사는 법도 배웠다. 내가 5년 동안 집에만 있었던 것도 다 내 성격에 맞기 때문이다. 나는 혼자 있는 것을 정말 좋아한다. 그렇다고 '집콕'만이라는 뜻이 아니다. 혼자 즐길 수 있는 노래부르기, 혼자 춤추기, 혼자 무언가를 만들어내기, 아이들과 신나게 놀기 등등 내가 즐거운 일을 했다. 나는 체질 '작가'였다. 〈한책협〉에서 가르쳐 준다. 사람을 구해주셨다.

08

당신은 아직
당신의 감정에 대해 모른다

"내가 왜 떠도는지, 꿈 사랑을 왜 하는지"

부정의 화신에서 긍정의 화신으로

"당신은 모르고 있다. 왜 자신이 화가 났는지······."

우리는 몸과 마음이 아프면 신호를 보낸다. '제발 쉬어라. 제발 쉬어라.' 나는 그동안 아픈 몸을 질질 이끌고 살아왔다. 아픈 줄 알면서도 모르는 척하면서······. '나는 지금껏 잘해 온 일이 하나도 없다. 나는 내가 왜 사는지 모르겠다.'라는 존재의 물음을 계속 연발했다. 나는 '배우'가 되는 것이 맞다고 고집만 부리고 살아왔다. 그러곤 자신의 동굴로 들어가기 일쑤였다. 나는 반복적인 그런 경험을 많이 했다. 이제야 느끼는 것은 그럴수록 더 집중하고 더 많이 행동하고 앞으로 나아갔어야 했다. 정말 후회스럽다. '앞으로 우리는 나아가야 한다!' 그것이 자신의 현재를 살게 하고 미래의 자신의 삶을 구하는 일이다. 자신의 인생을 개척하는 아주 중요한 절대불변의 법칙이다. 나는 세상을 책을 쓰면서 알았다. 내 안에 엄청난 '화'라는 감정의 여정이 있다는 것을 36년 살면서 처음으로!

내 인생이 어떻게 흐르고 있는지를 몰랐다. 현재 나는 나를 보는 시선이 생겼다. 놀랍다. 그동안 나를 몰랐다는 사실에 새로운 세계가 열린 마냥 신나고 재미있다. 나는 내 안에 있는 화를 모두 쏟아 펼쳐서 어떻게 내 안에 '화'를 어떻게 풀어냈는지 알았다. 나는 후회한다. 내가 예술을 한다는 것을 나는 멈출 수가 없다. 내 안에 가지고 있는 화라는 감정이 열정으로 돌변했다. 한을 풀지 못했다.

나는 배우를 해서는 안 되는 인물이지만, '창조력(Creating)'은 뛰어나다고 생각한다. 무언가를 만들 수 있는 능력! 공연, 영상, 미술, 문학, 다원예술 등등 만드는 것이다. 나는 이 길을 걸으면서 많이 다치고 힘들고 어쩌면 후회막심 할지도 모른다. 이 일은 내 생활이고 삶이고 내 생명수 같은 원천이다. 내가 먹고사는 데에 이것 밖에 없고 이걸로 풀어내야만 나는 관객과 사람들과 소통할 수 있다. 나는 후회할 줄 알면서 화를 멈추지 못하지만 긍정적으로 '화'를 승화시키고 있다.

책 『당신이 옳다』에서 자기 소멸에 대한 두려움과 공포에 휩싸인 사람에 대해 말했다. 수단과 방법을 가리지 않고 방전에 저항한다고 말이다. 딱 내 심정이 그렇다. 이대로 사라지게 될까 봐, 내가 이대로 없어지게 될까 봐. 목숨 이상으로 나를 흔들어 대고 있다. 그렇다. 식수를 구하지 못하면 구정물을 마시는 것처럼 사람의 본성이 나온다는 것을 알았다. 나는 숨이 막혀 죽을 때까지 나를 다그쳤다. 항상 연기나 춤이나 노래할 때도 늘 마음을 편히 하지 못했다. 그래서 그 감정에 휩싸여 힘들어했던 것이다. 다 지나고 나면 아무것도 아닌데 말이다.

'화'라는 것을 직시하는 순간에 마음이 편안해진다. 외면하지 않고 똑똑 '화'가 도착했다는 것을 잘 느끼고 인정하게 된다. 지옥 같은 '화'라는 감정과 이제는 이별을 하자. 슬기로운 '화'내기로 조절하자.

나는 내 몸에 맞는 자신이 가장 진정으로 좋아하는 일을 찾게 되었다. 나는 책을 쓰면서 내 인생이 어떻게 흐르고 있는지를 객관적으로 판단했다. 나는 어떤 위치에 서 있고 바닥에서 공부하는 법을 제대로 배웠다. 바로 내가 나를 보는 이성적인 시야가 생겼다. 나는 나를 몰랐던 것이 진정으로 인정이 되는 순간이다. 나는 그 사실을 늦게 알고 세상을 이제서야 배워 지금은 이 모든게 스스륵 열린 마냥 신비롭다. 나는 내 안에 있는 '화'를 모두 쏟아내고 있다. 어떻게 내 안에 '화'를 풀어야 하는지 알 수 있을 때까지 공부한다. 아마도 평생이 걸릴 듯하다. '배우'라는 직업에 끊임없이 공부하는 것도 비록 '화'라는 분노가 쌓여서 만든 사실도 정확히 인정한다. 나는 행복하다. '화'가 난지 알고 있어서 더 열심히 산다. 즐겁고 유연하게!

나는 벽 뒤의 '작가'가 되었다

책 『그럴 때 있으시죠?』에서는 말한다. 실연의 극복을 영화처럼 물 틀어 놓고 울어보기도 하면서 잊으라고 말이다. 나도 그랬다. 깜깜한 계단에서 아무도 없는 음악과 피아노 연습실에서 나를 깨기 위해 노력했다. 어떤 무명의 시인의 한 구절처럼 온몸에 눈이 달려 울었던 것이다. 직접적으로 울지 않았지만 연습이 내내 나에겐 울음의 전부였다. 아니 더 정확히 말하자면 그것은 내게 숨겨진 '화'였다. 나는 그것을 진정으로 모르고 있었다. 왜 자신이 화가 났는지 몰랐다. 조현병 환자였거나 내성적인 사람은 책을 써서 출판하는 것이 답이다. 혼자 무언가를 계속하려는 의지는 계속해서 글을 쓰며 치유할 수 있다고 말할 수 있겠다. 치유의 글쓰기가 지금 나를 굳게 믿고 한다. 나는 나를 고치려고 버둥대며 키보드를 두드리며 나는 '작가'가 된다.

나는 그랬다. 숨이 막혀 죽을 때까지 나를 채찍질하며 다그쳤다. 천천히 일상을 즐기면서 살기도 벅차고 감사함이 많다. 꽃 같은 인생인데 나는 삶을 알면서도 외면하고 다른 이의 삶을 살려고 했다. 내가 너무 부족하니깐 열심히 해야 한다는 마음에 죽도록 매진했다. 오로지 홀로! 나 같은 연기자가 발생하지 않도록 나는 연기자 지망생에게 조언해주고 싶다. 재수나 삼수한 친구들에게 더욱 필히 말해주고 싶다. 제발 감정의 홍수에 풍당 빠져 젖어서 회오리치듯 인생을 휘몰아쳐 살지 말라고 말이다. 거대한 먹구름에 휩쌓여 힘들어하지 말자. 자, '화'라는 것을 직시하는 순간 우리는 마음이 한결 편안해진다. 똑똑 '화'가 도착했습니다. 카톡에 문자 오듯 이제는 인정했다. 이젠 '화'와 진정으로 친구를 하면서 이별을 한다. 왔다 가거라. 화라는 감정을 반겨주기도 흐르는 대로 놓아주기도 한다. "너는 용서하는 큰 어른이 되어 있고 그 어떤 누구도 이해할 수 있는 큰 어른이 되었다."라고 말이다.

　책 『서머힐』에서 자유로움 속에서 일하는 어린이는 남의 영향을 받지 않는다고 한다. 나는 그동안 나를 보는 시선이 생길 때마다 모든 것을 억눌렀고 엄마의 말을 계속 믿었다. 엄마는 꿈이 원대하셔서 공부 못하는 내 동생에게 대통령이 되라곤 하시고 칭찬을 하셨다. 왜곡된 자신의 모습에 동생이 힘들었을 거라는 생각이 든다. 나도 초긍정적인 어머니 밑에서 자라 나도 그랬다. '나'로서는 제대로 된 친구가 없었던 나는 나의 초월적인 신념을 가지고 저항했다. 나는 병적으로 스트레스를 받아가며 '배우'라는 직업에 집착 또 집착했다. 그렇게 자꾸 자신을 속이다 보면 진짜 자신에게 속아 넘어간다. 자신이 누구인지 진짜를 잃어버리게 된다. 우리 그러지 말자. 우리는 자신을 누구보다 잘 알아야 한다. 이 땅에 온 나의 의미와 삶 자체에 몸이 가는 흐름에 고요히 집중하며 맡겨야 한다. 흐름에 초점을 맞추고 충실하자. 오늘이 내일이 되고 미래가 오늘이 된다. 오직 거대한 자신의 어울리는 마음을 보자!

　진짜 자신이 좋아하는 일을 찾자. 가장 좋아하는 일을 찾을 때까지 찾아내야만 한다. 내가 지금 '배우'가 되고 싶어하는 마음을 사방팔방 나를 알리고 다니는 것처럼 말이다. 조현병 환자였으면 어떠냐?! 이제는 고쳐가고 있으니깐 나는 할 수 있다고 백퍼센트 장담한다. 현실에서 차근히 실력 있게 걸음을 걷다 보면 천천히 올라갈 것이다. 우선 나는 맹세했다. 동생이 건강한 사람이 되고 우리 엄마가 세상에서 제일 건강하고 행복한 사람이 된다면 나는 모든 것을 받쳐서 정신적으로 육체적으로 힘드신 모든 분들을 위해 일하겠다고 말이다. 나는 해낸다. 여러분과 함께라면 잘 헤쳐나갈 것이라 믿는다. 자신을 알자. 은연중에 누군가에게 화를 내고 있는 것은 아닌지 자신을 잘 토닥이며 살펴보면서 아래를 잘 보며 살자. 본인이 일단 잘되어야 누군가를 도울 수 있다는 사실을 이성적으로 머리에 담는 것은 필수다!

우리는 하루빨리 우리는 자신에게 화를 내지 않고, 현재의 자기 자신으로서 살아가야 한다. 제일 중요한 진실은 자신의 곁에 있는 '나' 자신이니 하루가 늦지 않게 화가 났으면 화가 났다고 말하고 해결하자. 그렇지 않으면 나처럼 자신을 죽이는 파괴자로서 과거에 자신이 왜 화가 났는지 모르고 현재를 과거인 양 산다. 숨이 벅차오르거나 삶이 죽을 것 같이 힘들면 우리는 무언가를 선택하게 된다. 잘못된 길을 가고 있지 않은지…… 현명한 선택이 되도록 늘 공부하며 책을 1권쯤 세상에 내놓는 것도 좋을 것 같다. 누군가에게 털어놓지 못하는 이야기들을 책으로 쓰면서 자신의 역사를 되집어보게 되고 '작가'라는 타이틀로 우리는 제대로 된 힐링도 할 수 있다. 나는 그랬다. 다양한 종류의 예술을 접해보았는데 정점은 작가가 된 최민정이였다. 나는 가진 게 없다. 능력이 제로다. 내 감정대로 선택하고 행함에 내 영혼이 깃들기를 빈다. 나는 행복했고 내가 누구인지를 알았다.

3장

나를 지키는 뻔뻔한 감정 조절의 기술

01

평소 스트레스
관리를 하라

"힐링에 미치는 예술에 접근하다."

- -

나만의 기준에 서서 정해보자

나는 나의 감정을 조절하지 못해, 모든 사람들이 나를 다 외면했다. 나
는 늘 외톨이. 슬퍼도 참고 행복해도 참고 매 순간 눈물을 삼키고 삼켰
다. 내가 슬프면 그까짓 것 가지고 운다고 '행복하다.'고 하면 '오바하지
말라.'고 늘 욕을 먹었기 때문이다. 난 다른 사람의 한마디에 이리 치이고
저리 치이는 사람이었다. 나는 항상 그랬다. 그래도 내 사람들이니깐 지
적받고 미워도 믿고 사랑해야지. 그러다 보니 차곡차곡 스트레스만 쌓여

서 머리가 복잡해지고 답답했었다. 그런데 유일하게 풀 수 있는 방법은 예술을 접하는 것이었다. 나는 어떻게 해야 나의 스트레스를 예술을 접하면서 푸는지 두루뭉술하여도 나는 나를 알았다. 나만의 스트레스 관리법을 알려드리고 싶다. 나는 '연기'를 하면서 내가 해보지 못한 것들을 하면서 스트레스를 풀었다. 그저 해보고 싶었던 역할을 체험해보는 것이었다. 일상에서 벗어나 특별한 내가 되고 힐링이 되었다.

요즘 미의 기준은 여전히 '날씬함'이 당연하다고 여긴다. 나는 이 기준에 반기를 든다! 왜? 보여지는 것이 전부가 아니다. 『신비한 TV 서프라이즈』에서 나온 페르시아 최고의 미녀로 '타지 에스 살타네 공주'를 예를 들겠다. 뚱뚱하고 둥근 얼굴, 진한 눈썹, 수염까지 있는 이 여성은 사람들이 완벽한 아름다움을 가졌다고 했다. 의아해할 것이다. 왜 그럴까? 그녀는 내면이 너무나 아름다운 여성이었다. 그녀는 누구보다 진취적인 여성으로 1910년 여성자유협회를 설립했다. 또 여성들의 인권 향상에 앞장섰다. 배울 수 없는 약자를 위해 살고 사회적인 굴레를 거부했다. 그녀는 오늘날 이란 여성이 투표권과 운전도 가능하게 만든 장본인이었다. 바로 진정하게 아름다웠던 미녀였던 것이다.

우리는 혹시 '감정'에 휘몰아쳐 현재의 삶이 지배당하고 있는 것이 아닐까 점검해야 한다. 그때는 당장 그 스트레스의 관리에 들어가야 한다. 스트레스는 '굉장한 책임감과 무게가 있는 의무가 있다.'는 뜻이다. 일을 함에 있어서 일상생활이 많은 힘이 들어간다는 이야기이다. 나는 이렇게 한다. 내면에 집중한다. 철저하게 자신만의 시간을 가진다. 어느 누구도 내 내면에 들어오지 못하게 하는 것이 나의 특별한 스트레스 관리법이다.

처음 〈용서를 넘어선 사랑〉이라는 연극을 했을 때였다. 몇 마디 없는 역할을 할 때도 틈 사이를 잘 이용했다. 바로 옥상 창고에서 혼자만의 휴식을 취하며 무대에 서기 전에 마음을 다 잡았다. 다른 사람이 봤을 때 시덥지 않은 연기력을 갖고 있다고 비판을 할지라도……. 나는 솔직히 그것이 내 최상을 이끌어내는 최선이었다.

책 『언어의 온도』에서는 "누군가에게는 전부인 사랑"에 대해 말한다. 나는 우리 가족한테 전부인 사람이었다. 이 세상 그 누구보다 소중한 한 사람이었다. 여러분도 그러지 아니한가? 자기 자신을 돌아보아라. 멀리 말고 가까이 있는 내 사람들을 보아라. '등잔 밑이 어둡다.'라는 말처럼 의외로 가까운 곳에 소중한 보물인 사람이 많다. 힘과 배경은 없지만 정 많고 따뜻한 사람들이 넘쳐난다. 나는 오늘도 인사만 했을 뿐인데 꿀떡 2 팩을 얻었다. 은행에서 자리를 양보하고 차 한잔 따뜻하게 사드렸다. 항상 지나가다 볼 때마다 인사만 할 뿐이었다. 그렇게 떡과 목도리를 파시는 나의 가까운 이웃은 마음과 마음이 오고 간 사이가 된다. 감정은 이렇듯 적절히 표현할수록 우리 서로가 행복해지는 것이다. 우리 나누자. 우리 서로 함께 하자.

나는 진정한 아름다움을 가진 사람이 되고 싶다. 나는 그동안 솔직히 늘 나의 외모가 싫었다. 스트레스를 받았고 힘들어했다. 여러분은 그러지 말자. 그 스트레스로 인해 자기 자신을 더욱 힘들게 만든다. 신경 쓰지 마라. 누가 뭐라고 외모를 보고 지껄여도 신경을 쓰면 자기 자신만 피곤하다. 그럴 시간에 나를 개발하고 지금의 행복을 느끼고 앞으로 행복해질 생각만 하자. 그러다 보면 행복하기 위한 행동을 하게 되고 진짜 행복하게 된다. 최민정 작가처럼 말이다. 나는 출산 이후 5년 동안 화장을 거의 안 했다. 그래도 내 자신이 좋았다. 있는 그대로의 자연스러운 내가 좋았기 때문이었다. 지금은 나를 소중히 하는 만큼의 자존감을 높여 나를 사랑하기 위해 노력한다. 때에 따라서 화장과 옷차림이 중요한 만큼 그때는 예쁘게 차려입는다. 그것이 나에 대한 예의이고, 상대에 대한 배려이니깐….

내가 먼저 나를 꽃피워야 다른 이들에게도 나처럼 꽃피워 줄 수 있다

당신은 어떻게 스트레스 관리를 하는가? 운동? 맛집 찾아다니면서 맛있는 음식 먹기? 일상을 탈출하기 위해 핫한 스페이스로 여행가기? 자, 흔한 스트레스 관리에 자신을 끼워 맞추지 말자. 온몸에 문신을 새겨 왕따를 극복한 여성도 있다. 자신만의 특이한 취미나 특기를 가지고 있는가? 그래도 된다. 그렇게 하면 된다. 내가 좋아하는 거니깐……. 나는 NIP의 대가 구만호 박사의 가르침을 받는 중이다. 책 쓰기 코칭의 대가 김도사님한테 작가가 되는 법도 배웠다. 내가 나 자신을 스스로 고칠 수 있고 행복할 수 있도록 돕고 성공하는 길도 코칭을 해주신다. 그리고 나는 내가 평생 가지고 갈 사명도 챙기며 흔들리지 않으려고 살아가고 있는 중이다. ing.

나는 첫 연극으로 데뷔를 끝낸 후 '연기'를 하고 싶다고 모 선배님께 여쭤봤다. 그러자 나보고 "몸부터 키우라."는 말을 들었다. 난 K.M.A라는 스턴트맨들이 다니는 체육관에 아침 일찍 나가서 문 닫을 때까지 계속 있었던 기억이 난다. 어찌 되었든 그로 인해 나는 스트레스를 풀었다. 외로웠지만 참 잘 견뎌냈다. 그것이 습관이 되어 학교를 다니면서도 혼자 숨어서 연습을 했다. 이후에 현장에 있을 때도 계속 그랬다. 보이지 않은 곳에서 연습하는 것이 진정한 나를 발전시키는 것이라고 믿었다. 이 마음을 그때 보이는 데에서 했으면 얼마나 좋았을까? 때론 함께 하면 더 잘 할 수 있다는 것을 이제야 나는 깨달았다. 나는 사람들 앞에서 표현을 못했고 스트레스 관리를 못한 '감정 조절 장애자'라는 결론이 내려진다.

나의 스트레스 방법은 인스턴트 음식을 먹는 거다. 몸에 안 좋다는 것을 나도 안다. 하지만 이미 습관적으로 자리 잡은 먹거리라서 나는 그냥 그것을 즐긴다. 솔직히 나는 여행을 갔을 때도 라면 스프만 빨아먹으면서 여행을 했다. 책을 쓸 때도 라면 티백이라면서 이것을 벗삼아 컵에다가 뜨거운 국물을 만들어서 마셨다. 솔직히 배부르면 나는 집중이 안 된다. 그래서 면은 빼고! 진짜 배고플 때까지 나는 뭔가를 하고 나야 정신을 차리고 허겁지겁 무언가를 먹는다. 내가 고쳐야 할 점이 바로 이것이다. 나도 안다. 일상생활에 필요한 성인으로서 갖추어야 할 일들이 필요하다. 나는 하나씩 배워나갈 것이다. 예술만 한다고 현실을 저버리지 않는 사람이 되겠다.

나는 정신과 의사도 아니요. 심리학 박사도 아니고 상담의 대가도 아니다. 나는 당신에게 행복을 선택할 수 있는 자기 자신에게 기회가 있다고 말하고 싶다. 나는 당신이 지금 읽고 있는 내 책에 나를 찾았음을 담았다. 내가 찾은 것처럼 당신도 지금 하는 일에 스트레스 받으면 때려치자. 잠시만 진정으로 자신이 하고 싶고 잘하는 일을 하자. 돈이 문제가 아니다. 사람의 행복이 그 무엇보다 중요하다. 나는 당신에게 '행복하다.'라고 느낄 수 있는 당신의 꿈을 찾아 주고 싶다. 나 같은 인간도 36년 만에 '꿈'에 대해 솔직히 이야기한다. '배우' 그것은 바닥을 치는 순간에도 계속 나아갈 수 있음을 나는 지금 몸소 알아간다. 나는 최민정. 마음이 아프신 분들과 함께 만들어가는 '힐링예술'에서 나만의 모습으로 맑게 연기하는 '힐링예술가'가 될 것이다.

세상은 진정으로 호락호락하지 않다. 그래도 호락호락 들어주는 사람도 있다. 바로 최민정이니 연락해라. 이야기의 나눔만으로도 충분한 휴식과 안정을 줄 수 있다. 나는 믿는다. '배우'는 밥 먹고 살기 진짜 힘든 직업이다. 나는 대놓고 말한다. 당신의 이야기를 들어주고 '힐링예술'로써 체험하게 해주거나 만들어주고 싶다. 그 어떤 창의적인 방법으로도!

　나는 너무 순수했다. 늘 순수, 순수, 순수……. '순수'를 입에 달고 마음에 그림을 그리고 부착하고 살았다. 난 순진하지 않으면서 '순수'라는 이름의 명찰을 달고 내 맘대로 내 멋대로 살았다. 그러니 사람들과 늘상 부딪히고 깨지고 앞으로 나아가지 못하고 스트레스만 받았다. 나의 본질을 알려고 하지 않고 무시하고 내 생각만 믿고 산 것이다. 속된 말로 개똥철학이다. 여러분은 그러지 마라. 자기중심적으로만 생각하지 말아라. 책 『왜 사소한 일에 화를 낼까?』에서는 말한다. 자신의 고통만 보고 남의 고통은 보지 않는 사람은 신경증 있는 사람으로 스트레스 관리를 하라고 한다. 자, 우리 주변부터 천천히 공감하고 주위를 둘러보자. 내가 스트레스를 받을 이유가 없다는 것이 느껴질 것이다. 의외로 사람들은 당신에게 관심이 없다. 괜한 오해와 오버를 하지 말자. 당신은 자기 자신을 제일 먼저 소중히 해야 한다.

02

감정을 잘 표현하는
사람이 되라

"감정은 억지로 내는 것이 아니야. 자연스러움이다."

- -

자신의 촉에 집중하며 자신을 부는 바람대로 맡겨보자

2019년 4월 중순. 벚꽃은 지고 날이 따뜻해질 무렵인데 내겐 아직도 겨울인 듯 춥다. 세월호 사건이 이쯤 있었기 때문일까? 나도 모르게 카카오톡 프로필을 즐거운 나를 상징하는 이미지로 바꾸다가 죄책감을 느꼈다. 그리고 '2014.4.16. 잊지 않습니다.'라고 다시 이미지를 바꾸었다. 말로써 표현을 잘은 못하지만 글로써는 이미지로써 나는 이렇게 창조하고 표현해낸다. 그렇다. 자신만의 방식으로 표현해내면 된다. '감정'이라는 것이 꼭 말로만 하는 게 아니고 지금 시대에 맞게 SNS나 미디어로 표현해내도 괜찮다는 이야기이다. 자, 무언가를 표현하고 싶은가? 적극적으로 표현해라. 그럼으로써 해소되는 감정이 있고 풍부한 자신만의 알토란 같은 감성을 삶의 활력소로 갖게 될 것이다. 나는 오늘도 사랑한다고 친정어머니께 편지를 쓸 예정이다. 저 작가가 되어서 당신께 효도하겠다고 말이다.

우리는 시간을 통제해야 한다. 그래야 감정을 누그러뜨리고 자신의 삶을 개척할 수가 있고 미래를 가질 수가 있다. 나는 누구도 알아주지 않는 무명 배우였다. 그러나 나의 시간을 통제를 하면서 시간을 여행하고 미래의 시간을 산책하는 사람이 되었다. 자, 확신하자. 자신의 감정을 확신하고 잘 표현하자! 자신의 꿈을 자기 자신에게 계속해서 정확하게 물어보자. 찾은 다음에 그 목표를 향해 실행할 계획을 꼼꼼히 체계적으로 만들자. 그 다음에 묵묵히 걸어가면 된다. 나 최민정은 그렇게 살았고 앞으로도 그렇게 살 것이다. 당신도 할 수 있다. 의외로 쉬운 것부터 하다 보면 그렇게 이루어진다. 마법처럼 신기루라고 해도 이루어진다고 말이다.

'감정을 어떻게 표현을 해야 할까?' 자신이 가장 편하고 자신이 가장 잘

할 수 있는 표현으로 시작하면 된다. 나는 세 가지로 압축해본다. 첫째 "뭐 어때!"라는 생각을 가지고 있는 그대로 표현하기. 사람들은 솔직한 자신의 감정을 표현하는 것에 대해 무지하게 어렵게 생각한다. 그냥 하면 된다. 단순하고 심플하게 한다. 그러는 순간 자신의 표현이 사람들에게 큰 영향을 끼치지 않는다는 사실을 알게 된다. 당신의 마음은 부드럽고 편안해진다. 나는 감정을 몰랐다. 무감정. 아무것도 느끼지 못하면서 느끼는 척! 그래야 살 수 있었다. 나는 내 감정을 연기를 하면서 풀어냈다. 그때 "아, 이런 감정도 있구나." 하면서 말이다. 여러분도 취미로라도 '연기'를 접해보라. 진정한 카타르시스를 느낄 수 있다.

진정성은 언젠가는 빛바랜 사진처럼 당신을 꺼내볼 거야

〈한국일보〉에서 진정한 부부에 대해 나왔다. 자녀의 양육에 있어서 부부가 서로의 감정을 솔직하게 나누는 것이 중요하다고 말이다. 배우자에게 자신의 속마음을 털어놓는 것이 쉽지는 않다. 자녀 출산 뒤에 닥쳐 올 여러가지 일들을 함께 해결하자. 부부 관계를 돈독하게 하기 위해서는 매우 중요하다. 나는 요즘 남편에게 이런 말과 감정표현들을 쏟아내고 있다. 물론 적절히 조절해야 함이 필요하다고 느껴서 요즘은 조절하면서

하고 있다. 처음에는 너무나 폭발적으로 쏟아내서 감정에 취해 말하다 보니 남편도 깜짝 놀랐다. 이제는 그 마음을 알아주고 이해해줌으로써 나는 성장함을 느낀다. 여러분도 "그냥 느껴라."라는 생각을 가져라. 있는 그대로 상대와 소통하려면 진정성 있게 표현해라.

기쁘면 기쁘다. 슬프면 슬프다. 화나면 화난다. 우리는 사람이다. 로봇이 아니다. 우리는 감정을 표현하면서 살아야 한다. 한 번뿐인 소중한 당신의 인생을 어떻게 살고 있는지를 나는 물어보고 싶다. 왜 이렇게 표현을 억누르고 참고 조절하지 못하는지를 말이다. 우리는 감정을 잘 표현하는 사람이 되어야 한다. 그래야 나도 행복하고 상대도 행복하다. 시간과 감정은 계속 흐른다. 이제는 놓치지 말고 자신을 표현하자. 원하는 기회가 왔을 때 쟁취하는 사람이 되자. 온 세상 사람들이 그런다면 온 인류는 행복할 것이다. 나는 그런 세상을 꿈꾼다. 내가 도움이 된다고 꼭 그렇게 도움을 드리고 싶다. 내가 책을 썼다고 해서 이론만 가지고 사는 그런 융통성이 없는 사람도 또한 아니다. 같이 배우고 경험하고 함께 하는 마음으로 치유하고 그렇게 하염없이 죽음 너머까지 살고 싶다.

"아무 말 대잔치"라는 말이 있다. 생각을 가지고 있는 그대로 표현해

라. 나는 양세형 개그맨을 좋아한다. 그 역시 아이큐가 두 자리 숫자이다. 그는 "아무 말 대잔치"를 한다. 절박한 심정에서 어떻게 그 자리까지 갔을까? 얼마나 많은 수고와 고통과 노력을 하며 그 자리에 있을까? 라는 생각이 든다. 그는 계속 나아간다. 이것이 중요하다. '그냥 나아가는 것.' 다시 한 번 말해본다. "뭐 어때!"와 "그냥 느껴라."와 "아무 말 대잔치"를 하자. 가장 중요한 것은 앞으로 계속 걸어가는 것. 링컨은 말했다. 500년 산다고 생각하고 편안하게 자신의 꿈을 개척하자. 앞으로 나아가는 것. 그 자체만으로도 당신은 아름답고 소중한 존재이다. 힘내라. 당신의 눈앞에 눈부신 큰 혁신이 다가온다. 당신의 미래가 아름답고 은하수처럼 펼쳐지리라 믿는다.

"준 것은 빛이 나고 받은 것은 녹이 쓴다."라는 벤자민 프랭클린이 말한 글귀가 있다. 우리는 주자! 주는 것을 좋아하자! 주는 것에는 이루 말로 표현할 수 없을 만큼 큰 기쁨이 있다. 우리는 그것을 알아야 한다. 그러기 위해서는 행동해야 한다. 자, 하자. 부모님이 살아계실 때 자신의 모든 감정을 담아서 "사랑한다."고 말하자. 그 끝에 체리 빛 노을이 하늘을 머금듯 빛나는 주는 기쁨이 있을테니깐.

책 『행복한 감정사전』에서는 화는 위험으로부터 나 자신을 보호하는 감정이라고 한다. 이는 자신을 지키려고 하는 감정이다. 우리는 이렇게 생각해야 한다. 긴급신호를 보내는 나의 목소리라고 말이다. 나는 진정한 목소리를 내지 못하고 살았다. 항상 위축되고 숨죽여 말하는 습관 때문이다. 나의 친정엄마는 아빠한테 많이 맞았다. 머리에서 피가 줄줄 샐 정도로. 나는 엄마를 도와주지 않았다. 엄마는 아빠에게 너무 심한 말을 많이 했다. "돈 좀 벌어와라. 돈 내놔라." 등등 "돈! 돈!" 그러셨다. 인생에서 돈이 전부라는 것이 아니란 걸 누구보다 나의 친정엄마는 안다. 그러면서 우리 아빠를 힘들게 했다. 아빠는 말이 서툴렀다. 화가 난 행동이 폭력이었다. 우리 화도 좋으니 감정을 천천히 이야기를 하자. 난 배운 게 없다. 학력이 아니라 일상생활에 사람들과 지내는 법을 모르는 '경계선 장애자'였다. 나는 감정을 잘 배워서 표현하고 싶다. 이것이 나의 첫 치료의 단계라는 것을 알았다.

이젠 아무나 친해지고 싶지 않다. 왜? 그냥. 내 마음이 이끄는 대로 좋은 감정을 유지하고 싶다. 앞으로 나아갈 수 있을 만큼만 인간관계를 하고 나아가고 싶다. 나는 내 생각을 이렇게 책으로써 표현해본다. 감정을 스스럼없이 통제하고 감정을 조절하며 표현하니깐 '사람'이 된 것 같다.

내가 누구인지 내가 느껴지는 지금 이 순간을 표현하자. 자, 감정을 잘 표현하는 사람이 되어라. 표현해야 사람들은 알더라. 표현해야 무언가를 받을 수 있고 사람들은 챙겨주고 조언해줄 것이다. 나는 이로 인해 주도적인 삶을 개척하는 개척자. 〈힐링치유예술공간센터〉장이 되었다. 당신은 변화를 원하는가? 작가가 되어보자. 생각보다 쉽다. 〈한책협〉에 연락해보라. 자신의 모든 것을 적어보면 된다.

책 『불멸의 여성100』에서는 미국계 프랑스의 무용수, 쇼 스타인 '조세핀 베이커'가 나온다. 그녀는 파리에서 이국적으로 아름다움을 보여준 예술가로 나온다. 나는 이 책을 보면서 그녀를 꿈꾼다. 어쩌면 나의 인생과 비슷한 흐름을 가지고 있는 듯하다. 자신의 인생이 즉흥곡이다. 오히려 그 삶이 자신의 삶을 더욱 풍요롭게 만드는 지혜를 보여주는 듯하였다. 한마디로 세상을 볼 줄 아는 센스가 있다고 할까? 그렇다고 내가 그녀일 수는 없다. 좋은 점은 배우고 좋은 감정은 표현하며 이루어나가면 좋다는 생각이 든다. 솔직히 나는 '마사 그레이엄'이라는 사람을 좋아했다. 서울 탄츠스테이션에 가서 그냥 막 배웠다. 재미있었다. 그것을 돈으로 직업으로 연결시키지 못한 것은 나의 잘못이라는 생각이 든다.

03

타인의 비난과 책임으로부터 달아나지 마라

"모든 것을 다 받아들이는 나"

이해를 넘어 실행력이 강해진 '나'로 바로 서는 중이야

나는 남들에게 화를 내지 못했다. 화를 내는 것을 전혀 몰랐다. 화를 내면 나를 싫어할까 봐 버림받지 않을까? 라는 말도 안되는 생각을 갖고 있었다. 몸에 배인 그 성격이 내가 '배우'를 하는 데에 큰 걸림돌이 되었다. 내향적인 나의 천성을 몰랐던 것이 아니라 믿고 싶지 않았다. 외면하고 외면했던 과거들이 지금 뇌리에 스쳐 지나간다. 이제 나를 진정으로 알고 발견하니 참모습이 초라하고 부끄럽다. 나는 지금 행복하다. '행복'은 이렇게 나 자신을 용서할 때 생기는 것이다. 나는 이제 화를 낼 수 있다. 내겐 크나큰 큰 '용기'이다. 다른 사람에게는 어떻게 보일지 몰라도 그렇다. 이젠 좋은 사람으로 보이기 이전에 내 마음의 할 말은 정확히 요구한다. 좋은 사회를 만드는 일꾼이 되고 싶은 한 사람이다. 나는 사무실을 차린 만큼 잘 해내가고 타인의 비난과 책임으로부터 달아나지 않겠다.

책 『왜 나는 사소한 일에 화를 낼까』에서 심리적으로 금세 패닉 상태에 빠지는 사람이 나온다. 이는 심한 스트레스로 뇌에 큰 변화가 일어나는 것이다. 정말 큰일이 일어나지도 않았는데도 일어났다고 생각하는 것이다. 그들은 현실을 외면하고 싶고 그 스트레스를 풀 데가 없어서 약한 존재인 자식들에게 그것을 투영한다. 회피하고 맞서지 않은 것이다. 우리 '친구' 하자. 함께하면 이겨낼 수가 있다. 마음의 친구로서 이야기한다면 삶은 평화를 찾는다. 우리나라에는 '정'이라는 것이 있다. 이 한 글자가 참으로 사람들에게 따뜻하게 전해준다. 그러니 우리 서로를 이끌며 살자.

문득 갑작스레 초코파이 정이 생각이 난다. 당신도 생각난다면 한국인! 우리 모두 그러도록 노력하자. 난 초코파이를 볼 때마다 그런 생각이 든다. 어떤 일이 닥치더라도 뭐든 사람이 하는 일이기에 두려워하지 않기로 한다고 말이다. 사람들한테 상처받지 말고 그래도 사람을 믿고 믿으며 나아가자고 말하고 싶다. 자, 타인의 비난과 책임으로부터 달아나지 마라. 현실을 잘 지혜롭게 받아들이자. 그리고 현실에서 잘할 수 있는 일을 차근차근히 해내는 '나'로 살자. 아름답고 현명한 지식이 내 몸속에 있는 DNA에 쑤욱 스며든다고 생각하며 해나가자. 방향과 목표만 있다면 자신의 길은 흔들리지 않고 뚜렷한 그림을 그려가게 될 것이다. 이제는 조금 더 이성적으로 이루어졌는지 확인하는 재미도 느껴가며 체크하고 이루어가자.

책 『82년생 김지영』에서 김지영도 그랬다. 웬 할머니처럼 말투가 바뀌고 어떤 상황에 몰입된 듯 반 미쳐 있는 현실감 없는 상태가 나온다. 나는 벗어났다. 현재에 집중한다. 글을 쓰고 내가 걸어가야 할 길의 지도를 만들면서 나만의 세상을 구축한다. 우리는 이러하여야 한다. 타인의 비난과 책임으로부터 달아나지 말자. 자, 나아가자. 현재에 충실하되 자신만의 꿈을 키워나가자. '나 잘 버티고 있어요.'라고 말하고 싶다. 오늘 남편은 이순재 교수님 대역하러 갔다. 영종도로. 하루 종일 날 추운 가운데에서도 촬영을 잘 하고 온 모양이다. 여전히 스턴트를 하고 있는 남편을 보면 정말 자신의 모든 걸 걸며 산다. 자신의 하고픈 일을 늘 꾸준히 해나가는 모습은 내게 눈이 부셔 나의 애타는 마음을 어루만져준다. 남편은 내게 하고 싶은 일이 있으면 하라고 한다. "솔직히 하고 싶은 일……. 숨어서 했지. 대놓고 한 적이 없는 것 같아." 내가 이렇게 말해본 적은 처음이다.

나는 작년 겨울에 "장모님 같다."는 말을 남편에게서 들었다. 어느새 닥친 시련이 심장을 도려낸 고통과 재앙의 쓰나미가 내게 불어 닥칠 것만 같았다. 내가 누구인지에 대한 끝없는 물음과 감당할 수 없을 것만 같은 일이 나를 짓눌렀다. 나는 버티고 버텨 다시금 지금처럼 편안한 상태로 돌아왔다. 왜? 타인의 비난과 책임으로부터 달아나지 않고 잘 받아들였다. 현재의 중요한 일이 무엇인가? 생각하고 실제로 하고 있다. 앞으로 나아간다. 천천히 나만의 속도로 길을 찾으며 걷는다. 나는 비난을 받았다. 책을 쓴다고 엄청난 돈을 지불을 했다. 남편을 힘들게 했고 친정 식구, 시댁 식구들과 나를 아는 분들이 깜짝 놀라도록 일을 벌였다. 나는 너무나 죄송하다. "죄송해요. 지금은 이 길이 맞나봐요!"라고 말하고 싶다.

책 『나는 독하게 살기로 결심했다』에서는 이런 대목이 나온다.

"언제나 내 머릿속에는 '일' 생각뿐이었어."

나는 진짜 그렇게 살았다. 기본적인 생활하는 것도 안 배우고 미쳐 있었다. 18살 때부터 그냥 나는 '배우'만 한다고 생각했다. 정작 자신의 본질과 적성은 절대 생각하지 않았다. 나는 '하다 보면 되지 뭐.'라는 생각을 했다. 나는 계속 아팠다. 나랑 안 맞는 건데 나는 그게 내가 모자라서 그런 줄 알았다. 그렇다. 솔직히 말을 잘 안 하는 내가 '배우'라니 웃기는 말이다. 나는 죽을 힘을 다해 살았다. 죽기 직전까지 가야 나는 '배우'가 될 수 있었다. 나는 늘 습관처럼 내가 '배우'가 될 수 있는 방법은 무엇일까 끊임없이 고민했다. 솔직히 내가 배운 기존에 있는 연기 교육은 나에게 너무나 맞지 않았다. 방법을 찾고 싶었다. 그래서 내가 4수를 했는가 보다.

나는 뮤지컬 〈조로〉 오디션을 봤다. 지금은 흔한 머리 스타일이지만 그 시절에는 연보라색 머리는 흔치 않았다. 나는 최대한 그 인물과 비슷한 모습으로 차려입고 그 인물과 하나가 되려고 애쓰면서 오디션을 보았다. 정말 그런 머리와 옷차림은 나만 그랬다. 엄청 튈 정도였으니 연출가 데이비드 스완은 내가 버벅대는 모습에도 한 팔로 잡아주기도 했다. 나는 오디션을 보는 그 자체만으로 큰 용기였고 도전이었고 아픔이었다. 나는 혼자 연습했다. 누구의 도움을 받았으면 참 좋았을 텐데 그러지 않았다. 나는 다른 사람의 말 한마디에 큰 상처를 받는 마음 여린 환자였다. 조언을 받으면서 레슨을 받는 대화가 어렵고 힘들고 그걸 버텨낼 재간이 없었다. 그런 선생님도 못 만났다.

책 『기적의 자신감 수업』에서는 말했다. 우리가 자존감을 갖기 위해서는 우선 자기 자신부터 인정할 수 있어야 한다고 말이다. 스스로에 대한 평가가 아니라 자기 자신이 자신을 멀리서 바라보는 시야를 가져야 한다. 그리고 객관적이고 정확한 평가를 있어야 한다. 그래야 자신감도 갖고 자신의 일에 어디서부터 노력해야 하는지를 알고 진정한 노력을 할 수 있다. 나는 노력했다. 내 영혼과 내 온몸을 다해 내가 할 수 있는 만큼 다 뽑아내서 최선을 다했다. 울지 않았다. 뮤지컬 〈그리스〉 오디션 볼 때처럼 바보는 아니였기에 내 실력을 잘 알고 잘 받아들였다. '결혼'이라는 이름으로 연기를 위해 가장했다. 인간 경험을 쌓으면서 평범한 사람들의 세상을 들여다보기 위해 잠시 그만두었다. '아이 셋 낳고 40세쯤이면 잘

될 수 있을거야.'라는 자신만의 주문을 걸었다. 지속할 수 있음을 정면을 피하고 돌아서 가겠다는 그런 '회피형 인간'이었다.

책 『왜 나는 사소한 일에 화를 낼까?』에서는 말했다. '진짜 자신'은 쓸모 없는 존재라고 생각했기 때문에 날마다 마음이 아프다고 한다. 나는 그랬다. 이 세상에 존재해서는 안 될 쓰레기 같은 존재라는 생각했다. '자존 감'이라는 단어가 나에게는 이 세상에 아예 없는 사람이라 맨날 아팠다. 누가 뭐라고 해도 나만의 속도로 갔다. 한마디로 '독고다이'였다.

3학년 2학기 이순재 교수님 수업이었다. 나는 수장 역할을 맡고 있었다. 그때 화술 수업이 있었는데 정말 싫었다. 이대로 죽을 수도 있다고 생각했다. 나는 정신과에 상담을 받고 입원하고 싶었다. 부모님은 그런 나를 입원시키시지 않았다. 나는 암흑과 마주하였다. 즉, 성장할 수 있는 기회를 얻었는데도 다시 주저앉게 된 것이다. 약도 먹지 않았고 입원도 하지 않았다. 이순재 교수님 수업의 공연은 그래도 마무리했다. 공연은 어떻게든 한 것이다. 그때 퇴장하던 입구에 머리를 '쾅' 하고 부딪혔다. "앗, 아파!" 그때 처음으로 나의 현실이 느껴졌다. '내가 지금 뭐 하는 거지?' 지금에서야 느낀다. 여러분은 그런 경험이 있는가? 죽을 만큼 힘든 상황에 주저앉고 싶었던 순간들을 말이다. 꼭 달아나지 말자. 그것은 자신을 도약하게 만드는 커다란 성장을 경험하는 단계라는 것을 말이다.

나는 제발 연기를 그만두어야 하는데 병적으로 또 연기를 시작했다. 바로 주부연극동아리에서 연기를 해볼 수 있는 기회가 있어서 등록했다. 참으로 끈질기다. '포기가 뭐냐?' 내겐 없었다. 그만 좀 하지. 나는 내 자신을 모를 정도로 다그치고 그래도 해야 한다며 그만둘 수가 없었다. 둘째를 임신했다는 핑계로 중간발표회까지만 하고 사람들도 8주라서 위험하다고 그만두라고 했다. 너무 슬펐다. 나는 춤을 제대로 알려주고 마무리 짓고 나왔다.

〈SBS 스페셜 화내는 당신에게〉에서는 이런 사람은 '화'를 파괴적인 방식으로 사용하는 거라 한다. 망치처럼 때려 부수는 것이다. 나는 그랬다. 내 몸을 계속 괴롭히고 파괴했다. 한마디로 즐기지 못했다. 습관처럼 고통을 늘 반복했다. 고쳐야 하는 것임을 알면서도 나는 왜 그랬을까? 앞에서 언급한 것처럼 유년 시절의 기억과 경험들이 반복적으로 순환되었다. 그것이 쌓여 상처가 수면 위로 오르는 재미를 느끼는 뼛속부터 '배우'였다.

시대의 흐름과 리듬에 나를 합류시키기

나는 이제 상처를 단칼에 잘라내려고 한다. 힘든 상황이 생겨도 결코 뒤로 가지 않고, 잠시 머물더라도 꾸준히 앞으로 진행하겠다. 나도 감정을 가지고 있는 인간이니 실수도 하고 서툴고 바보 같을 수도 있다. 나는 상처를 아낌없이 퍼내며 놀림을 받아도 좋다고 생각하면서 깨달았다. 지금 당장 내가 할 수 있는 일을 즐기면서 할 수 있다. 내가 책을 쓰면서 하고 싶은 말을 하는 것처럼 지금이 제일 중요하다.

제발 자신을 저버리지 마라. 비난과 책임이 두려운가? 책임을 져라. 나는 늘 향기만 남기고 바람처럼 달아났다. 여러분은 타인의 비난과 책임으로부터 달아나지 마라. 진심은 하늘도 반해 돕는다. 당신은 성장하고 있을 것이다.

04

더 이상 분노를
두려워하지 마라

"분노와 불화가 없는 사람은 세상에 없어."

다채로운 감정 가운데 '화'를 즐겁고 반갑게 만나

나는 분노를 알면서도 숨기고 차근히 밟아 표현할 줄 알면서도 안 했다. 꾹꾹 참았었다. 무엇이 나를 이렇게 통제를 했을까? '분노'는 살면서 꼭 필요한 그리고 우리 삶에 있어서 가장 중요한 한 부분이다. 나는 요즘에 절실히 느껴본다. '분노'는 사람이 가지고 있는 본성이라고 말이다. 나는 그동안 왜 참았을까? 지금은 우리 애들이 옆에서 글을 쓰지 말라고 아우성이다. 엄마가 어제도 한 글자도 못 써서 쓰고 싶다고 애원했다. 엄마는 글을 쓰고 싶은데 왜 못 쓰게 하냐고 말했다. 아들이 길이를 정해준다. 여기까지만 쓰라고 한다. 그렇다. 내가 원하는 그 어떤 것을 우리는 말할 줄 알아야 한다. 아이들과도 서로 이야기해야 그래야 합의점을 찾게 되고 함께 나아가는 길을 알게 된다. 자, 분노를 두려워하지 마라. 자연스레 놓자. 자연스럽게 물 흐르듯말이다.

당신은 오늘도 '버럭! 욱!' 하는 버릇이 나오지 않았나? 말로 아닌 행동으로 말이다. 나는 오늘 '분노'로 표현된 것이 있다면 첫째 양말을 짝짝이로 신었다. 둘째 급하게 밖으로 나가다가 발을 찧어서 피가 났다. 셋째 귀걸이도 짝짝이로 했다. 나에게는 이건 큰 '용기'이다. 당신도 그런가? A라는 분이 '버럭!' 하면서 무언가를 던졌다. 나는 깜짝 놀랐다. 다시 아빠를 보는 듯한 느낌이 들었다. A는 누군가를 괴롭히지는 않는다. 표현을 물건에게 하는 것이다. 나는 너무 놀래서 숨죽여서 '아. 내가 분노를 잘 모르는구나. 화를 잘 삭히는 사람이구나.' 다시 한 번 나의 감각을 느낀다. '감정조절을 하지 못해 과하게 생각하고 나타나. 너무 깊게 느끼는구나.'라고 말이다.

'분노' 그것은 우리 삶에서 적절하게 삶에서 구현되고 표현되어야 한다. 그렇지 않는다면 과잉으로 쌓이고 쌓인다. 자신이 왜 화를 내는지 모르는 지경에 가고 상대에게 은연히 아픔을 준다. 내가 그랬다. 한마디로 그것은 상대가 문제가 아니라 나 자신이 답답하고 문제이면서 말이다. "분노를 두려워 하지 마라." 당신은 충분히 그것을 표현해도 나쁜 사람이 되는 것이 아니다. 당신은 인간이고 오감을 느낄 수 있는 소중한 생명체이다. 나는 요즘 화를 낼 수 있을 때 적재적소에 잘 낸다. 내가 나를 잘 보고 있다. 내가 원하는 작가가 되기 위해 고군분투를 하지만 생각처럼 글을 잘 못 쓴다. 그래도 도전하는 내 모습에 놀랍고 감정 조절 못할 때 분노를 일으킴을 알았다. 이제는 화를 가깝게 잘 느낀다. 감정의 시류를 말이다. 여러분도 자신이 언제 어디서 감정 조절을 못하고 다르게 행동하는지를 면밀하게 알자.

본연의 '나'를 느끼고 거울로 샅샅이 살펴보다

'감정'을 시냇물에 초록 잎사귀 배 하나 띄워 흘려 보내는 것처럼 그렇게 자연스럽게 두면 된다. 그것이 감정에 대한 공경이기 때문이다. 자, 감정과 친구가 되자. 당신은 새로운 세계로 빠지게 된다. 나는 믿는다. 너를 믿는다. 우리는 함께 할 수 있음을 '작가 최민정'은 말한다. 영원

히 당신의 꾸밈없고 속 편히 말하는 당신의 맑은 이야기를 노래로 들어
줄 수 있다. 당신의 눈물을 닦아주고 아름답게 노래처럼 즐길 수 있는 감
정을 가르쳐 주겠다고 말이다. 나는 견디고 있다. 나의 일과 나의 사명
을……. 감사하다. '분노'라는 단어를 '진짜'로 알아서 행복하다. 우리도
감정을 잘 감지하고 알도록 하자. 자, 분노를 두려워하지 말자.

나는 내가 화를 내면 사람들이 내 곁을 떠나갈까 봐 두려워하지 않겠
다. 이제는 전전긍긍하지 않겠다. 나도 사람인데 왜? 나는 화를 내면 안
되나? 나도 화를 낼 수도 있다. 아무렴!

책『김태광, 나만의 생각』에서는 말한다. "행복하다."라고 수십 번을 말
해보라고 말이다. 정말 언어의 힘이 어떤 힘을 가지고 있는지를 나는 몸
소 겪었다. 형용할 수 없는 단어들이 내 머리에 몸에 꽃들로 변해 아른거
린다. 황홀한 느낌! 바로 자기 자신을 만든다. 행복에 심취해 사는 사람.
그 사람이 나는 당신이었으면 좋겠다. 눈물을 거두어라. 때론 눈물이라
는 벅찬 감정에 자신을 놓아도 된다. 무너지면 어떠랴. 다시 일어서면 된
다. 행복은 그렇게 다시 시작된다. 끝날 것 같은 마음에도 다시 또다시
일어나면 그만이다. 우리가 불행하다고 느껴질 때쯤 행복을 배움이라는

지식에서라도 만들어내자. 슬픔과 분노는 본능에서 나오도록 감정순환을 시켜야 한다. 행복도 슬픔도 분노도 다 두려워하지 말자. 당신의 분노는 당신이 살아 있고 숨 쉬는 것이라는 것임을 잊지 말자.

일과 휴식은 조화로운 꽃을 피워야 한다. 적절한 물과 토양과 햇빛에 자라는 꽃들처럼 스트레스도 그렇게 관리가 된다. 나는 일을 할 때 이것을 잘 몰랐다. 이렇게 되기까지는 많은 시간과 가치관의 폭발적인 파괴가 있었다. 이제 수술을 마쳤다. 따뜻한 토양으로 토닥토닥 덮는다. 이제 좋다. 내 머리가 이제는 아프지 않을 거라고 믿는다. 행복하다. 늘 쉼 없이 이렇게 작가를 하면서 세상을 즐겁게 내 이야기를 하겠다. 영원히 내가 하고 싶은 말 다 하고 다니면서 평생 친구를 내가 만들고 싶다. 나는 이제 봐줄 만한 사람이 되고 능력 있는 지도자가 된다. 아니 이미 된 것 같다. 당신도 할 수 있다. 나는 항상 왕따였고 항상 그림자 같았고 늘 눈물만 흘리던 사람이었다. 이제는 나를 믿고 아픔을 털어놓는다. 나는 당신의 이야기를 그냥 들어주고 공감해주고 비밀로 해주고 싶다. 당신의 친구로서!

어떤 시간에 맞추는 삶. 책 『출근 전 2시간』이라는 어느 대목에서는 "귀가 시간을 정하라."라고 한다. 솔직히 나는 이해가 되지 않았다. '그런 것까지 맞추는 삶은 너무 딱딱하고 재미가 너무 없지 않나?'라고 생각했다. 그러나 읽다 보니 느꼈다. 이것은 자신의 삶을 적절히 제어를 할 수 있는 힘을 기르는 거다. 즉, 감정을 조절하기에는 시간에 맞추는 삶이 때론 좋은 습관을 들이는 것이라는 것이다. 나는 지금에서야 그 습관들을 들이려고 한다. 우리 몸은 자연스러운 체계이기도 하지만 잘못 사용을 해서는 안된다. 그렇다면 분노만 혹은 환희만 남을 수 있는 본능적인 면도 갖고 있다. 즉, '시간 절제'가 필요하다는 뜻이다. 그래야 '감정'도 조절을 할 수 있다고 말이다. 그렇다. 우리는 그래야 한다. 분노를 두려워하지 않기 위해서는 절제의 시간도 정해놓아야 한다. 우리가 우리를 내 몸과 영혼을 내 인생의 주인으로서 철저히 통제해야 한다. 그렇다면 자신이 꿈꾸고 그리던 영혼이 원하던 곳으로도 갈 수가 있다.

나는 오늘도 감정 순환의 여정을 거쳤다. 쉼 없이 돌아가는 순환되는 감정 속에서 얻어지는 나의 행복은 정말 짜릿했다. 여러분도 할 수 있다. 그저 자신만의 감정을 코 끝에 향기를 맡듯 마음에 귀 기울여보자. 나처럼 글을 써보고 사람들을 만나자. 세상을 저 하늘에 구름처럼 구경하면 된다. 나는 나를 지키는 뻔뻔한 감정의 기술을 익혔다. 표현하고 나타내고 행동한다. 바람부는 바람결을 느끼려 탈출하며 뛰쳐나가기도 한다.

내 속에 신선한 숨이 가슴 깊숙이 폐 속에 정착하고 나를 지켜낸다. 우리 분노를 두려워하지 말자. 이별도 두려워하지 말자. 사람과의 관계에서 일일이 설명 불가한 불가사의한 일들이 수두룩 빽빽하다. 힘내자. 당신의 마음에 몸에 대해 예의를 갖추자. 자기 자신을 사랑하자.

05

자신이 무엇 때문에
화가 났는지 말하라

"왜? 화가 나? 이유가 도대체 뭔데?"

- -

난 '배우'라는 직업이 나랑 안 맞아서 화가 났다

원인과 근원을 뿌리 채 뽑아내야 한다. 끊임없는 질문을 건네어 자신이 무엇 때문에 화가 났는지 말하자. 나는 늘 자신을 말할 때 항상 겉도는 버릇이 있었다. 책『때려치기 전에 직장인의 분노조절 기술』에서는 말한다. "일부러 말하지 않아도 상대방은 알아줄 거야."라는 생각은 오해의 근원이라고 말이다. 나는 진정한 소통을 할 줄 몰랐다. 자신의 생각에 갇혀 있었고 열 줄 모르는 신경성이 강한 사람이었다.

나는 친정엄마가 새할머니랑 있을 때 항상 입조심하라고 하셨다. 무엇을 이렇게 경계하게 한 것일까? 엄마는 왜 그렇게 불안해하시고 초조해하셨을까? 왜 우리에게 그렇게 강요하셨을까? 나는 어릴 때 아빠랑 말하기 싫었고 무서웠다. 매일 아빠가 죽었으면 좋겠다고 기도했다. 지금 생각해보면 그때 너무나도 분노가 쌓여 있었다. 현실을 보지 못했다. 언어를 쏟아 붓는 엄마 말만 믿는 어린아이였다. 엄마가 말씀하신 소리 때문에 난 늘 기죽었고 세뇌당해 살아왔다.

나는 왜 화가 났을 때 말하지 못했을까? 불의를 보아도 왜 참았을까? 아무래도 나는 소심한게 아니라 비겁한 거였다. 난 오늘 3가지를 실행했다. 첫째, 정확하게 말하려고 했다. 둘째, 직접적으로 말했다. 셋째, 확실하게 확언하였다. 한마디라도, 실수라고 생각이 들 것 같아도 시도하자. 나는 그 자체만으로도 내가 된 것 같았다. 당신도 할 수 있다. 당신이 눈부시게 아름답다는 것을 스스로가 소중히 알자. '자신의 말을 하는 것.' 내가 살아 있다고 느꼈다. 그렇다고 상대에게 버릇없거나 고통을 뒤따르게 할 수 있는 발언을 하지 말자. 부드럽게 유연하게 지혜롭게 이야기를 하자. 당신은 분명히 자연스러운 인간의 감정을 느낄 수 있게 된다. '자연스러움!' 우리는 자연스러운 사람이 될 필요가 있다. 자신을 사랑하고 상대를 더 사랑하자. 함께하는 삶에 같이 사는 우리는 같은 길을 가는 길동무이다. 자, 자신이 화가 났을 때 왜 화가 났는지 부드럽게라도 말하자.

책 『당신은 아무 일 없던 사람보다 강합니다』에서는 말한다. 내 영혼이 살아 숨 쉬는 지점을 위해 '떠나라'고 말이다. 나는 그랬다. 쉬는 것을 몰랐다. 굉장히 내 몸과 감정이 화가 나 있었다. '나는 부족하니까 나는 부족하니까.'를 외치면서 살아갔다. '한 번 더, 한 번 더'를 외치면서 철저하게 혼자만의 시간을 가졌다. 지금 돌이켜보니 너무 많이 혼자였음에 깊은 우울함이 극도로 치닫지 않았나 싶다. 자, 그렇다면 쉬어라. 당신은 이미 화가 나 있다. 나 좀 쉰다고 이야기하라. 나는 이 말을 하지 못했다. 여러분은 그러지 마라. 자신이 무엇 때문에 화가 났는지 꼭 말하라. 그럼 '진정한 자신의 삶이 무엇인지 삶이란 이렇게 화가 나기도 하고 이렇게 살아도 되는구나.'를 알게 될 것이다.

나는 지금 밖에서 자고 일어나서 롯데리아에 있다. 핫한 아라비카 아메리카노를 한 모금 넘기고 글을 쓰고 있다. '나를 통제하려고 무진장 노력한다. 산만하고 어지러웠던, 내 마음을 드디어 붙잡았다. 위기가 기회가 되는구나. 느낀다. 월세살이를 하는데 집이 물바다가 되었다. 아이들은 신난다고 뱃놀이를 한다. 나는 이를 어찌해야 하나 답답함에 화가 나서 처음으로 주인 아저씨께 조근조근 화나는 말을 했다. 이전에도 비가 샜던 적이 있지만 넘어갔다. 수도세도 매번 옆집이랑 나눠서 계산하는 것도 번거로웠다. 이런저런 것들이 쌓여 결국 터져 격하게 말했다. "사진 찍을까요? 건물에 문제가 많지요?"라고 말을 한 것이다. 어린 놈이 그렇게 말한다고 엄청 혼났다. 그래도 말을 하니 속 시원했다.

나는 '작가' 라는 직업이 가지고 싶다. 대놓고 말한다. 나도 할 수 있다! '나를 지키는 뻔뻔한 감정의 기술'을 습득하여 나에게 왈가왈부하면 화가 나서 말할 것이다. "나의 직업은 내가 선택했다." 난 그것 때문에 화가 났다고 말하고 싶다. 진심으로 소통을 하는 사람이 되었다.

나는 말을 한다. 내가 무엇 때문에 화가 났는지……. 이틀 내내 두 번이나 다른 지역에서 내 아이디로 로그인 한 사람에게 블로그에 이야기했다. '왜 자꾸 누가 내 아이디로 로그인을 하는 거지? 직접 물어보세요.'라고 말이다. 다른 때 같았으면 그냥 탈퇴하거나 새로운 아이디를 만들 텐데 그러지 않고 물어봤다. 자신이 무엇 때문에 화가 났는지 이야기를 한 것이다. 나는 글로써 나의 분노를 풀어낸다. 나는 부족하다. 하염없이 '작가'로써 한 글자 쓰기가 어렵지만 노력한다. 분노는 때론 이렇게 삶의 열정으로 태어난다. 나는 화가 난 이야기들을 사람들에게 이제 잘 말한다. "예전에 이러저러해서 화가 났었어요." 이야기를 한다. 나는 더 이상은 속 앓이를 하지 않는다. 나는 이야기하며 감정이랑 잘 맞선다.

말을 못해서 '화'가 나를 침몰시켰다

『모모』라는 책이 있다. 내가 음악원에서 1만 원 받아가며 일하면서 틈틈이 읽었고 매료되었던 책이다. 나는 감정 이입했다. 나는 워낙 폐쇄적이었던 사람이어서 사람들과 소통을 못하고 그저 바라봤다. 생각하고 혼자 글 쓰고 사진을 찍었던 늘 혼자 노는 아이였다. 나는 주변 사람들의 소리는 들리나 이해하지 못했다. 사람이 무서웠던 것이다. 화가 나도 화를 어떻게 내는지를 몰랐다. 그저 망부석처럼 서 있는 고목나무와 같았다.

나는 말한다. 나에게는 입이 있다. 전달을 할 수 있는 비언어적인 손과 발도 있다. 왜 화를 그동안 못 냈을까? 바로 '감정'이 큰 문제였다. 감정은 인간이 가지는 정말 순수한 본능이다. 우리는 이것을 왜 억제하는가? 억제하면 할수록 사람이 아닌 게 되는 것이다. 혼자 사는 세상이 아니다.

소통하고 말하고 함께 사는 세상이다. 제발 화가 났다면 말을 해라. 그래야 말해주고 조언을 해준다. 두려워하지 말자. 의외로 당신이 왜 화가 났는지 사람들은 들어줄 수도 있다. 제안을 해줄 수도 있다. 노력하자. 하기 어렵다면 굳이 표현하려고 애쓰지 말고 자연스레 몸속에 흐르는 혈액의 감정을 전달하자. 전달하려고 노력을 하다 보면 그것 또한 표현력을 키우게 된다. 우리 몸속에 피도 계속 돈다. 멈추면 안 된다. 감정도 그렇다.

톡톡톡, 괜찮아? 비가 온다. 내 마음에도 비가 내린다. 시원한 단비. 화가 난 것들을 책을 쓰면서 다 풀어내고 말한다. 그러니 내게 시원한 청량음료 같은 비가 내 마음을 그리고 감정을 달래준다. 나는 솔직히 아메리카노를 좋아하지 않는다. 나를 극도로 몰아갔을 때와 화가 났을 때 다 풀고 마실 때 좋아하게 되었다. 그 따뜻함이 전해 온다는 사실을 이번 기회를 통해 처음 알았다. 그렇다. 자신만의 방법으로 화를 내고 풀면 된다. 외향적인 사람은 무대에 주인공으로 자신의 화를 내뿜게 한다. 내향적인 나 같은 사람은 책을 쓰면 된다. 혹은 둘 다 아니면 영상놀이나 그림으로 색깔치유도 좋다.

『미국 남북전쟁에서 살아남기』라는 책이 있다. 만화로 된 아이들의 책에서 학대당하는 노예들이 해방을 외친다. 그렇다. 나도 똑같은 인간인데 누구는 노예 취급을 한다는 것이다. 당연히 화가 나서 해방운동을 할 만하다고 나는 주장하고 싶다. 제발 나를 낙인찍지 마라. 나도 화내서 말할 줄 안다.

06

좋은 사람으로 보이고 싶다는 욕심을 버려라

"화는 인간이 가질 수 있는 감정이다. 자신을 파괴하지 말고 드러내자."

나는 모든 인간을 이해할 수 있을까?

우리는 다양성을 인정해야 한다. 그래야 서로 화를 내기보다는 이해력이 생긴다. 나는 아버지가 모두가 '아니'라고 할 때 내가 옳을 수도 있다고 말씀하셨다. 그렇기에 내가 여기까지 이 자리까지 오게 된 것이다. 나는 연기를 정말 못했다. 그런데 그것을 인정하고 말하는 게 어려워 결국 배우를 택했다. 많은 사람들이 내가 배우를 하는 것에 반대했지만 나는 그럴수록 더 화가 나서 독기를 품었다. 배우를 평생 직업으로 삼았다. 부질없는 선택이었다.

나는 이제 그동안 품었던 나쁜 감정을 오물 버리듯 버린다. 화를 감정적으로 내 안에서 푸는 게 아니다. 객관적이고 이성적으로 나 자신을 판단해야 했다. 그래야 내 몸과 마음을 화나지 않게 할 수 있다. 나는 책을 쓰면서 고요히 내 마음을 들여다보며 풀어낸다. 이것이 내가 화내지 않게 된 방법, 나만의 맞는 방법이었다.

고통을 해결하기 위해서는 '변화'와 '도피'가 아니라 '이해'라는 단 두 글자가 필요하다. 책 『혼자 걷는 기쁨』에서는 말한다. 고통을 이해하자. '우리는 고통을 늘 겪는다.'라는 사실을 깨닫자. 우리는 고통스러울 때 피하거나 억지로 변화하려고 한다. 고통 때문에 화내지 않는 사람으로 보이고 싶다는 욕망도 있다. 그런 마음을 버려라. 그냥 이해하자. '자연스러운 일'로 받아들이자. 어떤 일이 닥칠 때 자연스럽게 반응하자.

나는 누구를 만나든지 착하고 좋은 사람으로 보이고 싶은 욕망이 강했다. 나는 남들에게 화를 내지 못했다. 화를 내는 것을 전혀 몰랐다. 화를 내면 '나를 싫어 할까 봐. 혹은 버림받지 않을까?'라는 말도 안 되는 생각을 가졌었다. 그리고 '겸손'이 미덕이라는 우리나라의 정서에 맞게 행동하고 말하고 다녔다. 사실 나는 다른 사람들과 똑같이 이기적이고 자신이 우선인 사람이었는데도 말이다. 내향적인 나의 천성을 몰랐던 것이 아니다. 믿고 싶지 않아 외면했던 과거의 나를 발견하니 참으로 초라하고 부끄럽다.

그러나 지금은 행복하다. '행복'은 이렇게 나 자신을 알고 용서할 때 생기는 것인가 보다. 나는 이제 화를 낼 수 있는 상황에 화를 낸다. 내겐 큰 용기다. 다른 사람에게 어떻게 보일지 몰라도 말이다. 이제는 좋은 사람으로 보이기 이전에 화내야 할 상황에 맞게 화를 낸다. 진심으로 할 말은 요구하고 좋은 사회를 만드는 일꾼이 되고 싶다. 왜 이제서야 나의 진정한 분노를 알았을까? 도대체 나의 감정이 어디까지 있는지가 의문 투성이다. 나는 나 자신을 진심으로 잘 알고 있는 것일까? 지속적으로 묻고 싶다.

속이지 마라. 있는 그대로의 분노를 표현해라. 자신을 지켜주는 크나큰 힘이 될 것이다. 주문을 걸며 아주 뻔뻔스럽게!

자, 진짜 내 모습을 찾자

첫째, 다 'OK!' 하지 마라.

둘째, 도움을 요청할 것이 있다면 명백하고 분명히 하라.

셋째, 행복한 선택을 하라. 그 선택이 '화'일지라도 꼭 필요한 상황이라면 해야 한다. 그래야 내 몸과 마음이 편해진다.

책『같은 말도 듣기 좋게』에서는 주눅 들지 말고 대화하라고 말한다. 대화는 시험이 아니라는 것이다. 서두르지 말고 미소로 기다리면 된다. 상대방도 천천히 대화의 시동을 걸어 각자의 속도로 나아가 함께하면 된다.

욕망이 지나치면 뭐든 '화'를 부른다. 그럴수록 사람들과 사이가 더 나빠지고 외면받았다. 나는 깊은 구렁텅이에서 곪아 터져버린 가슴을 가졌었다. 지금은 중환자가 수술을 받는 것처럼 고름과 상처들을 꺼냈다. 더 꺼낼 것도 없을 정도로 꺼내고 있다. 그랬더니 야구공만 한 크기나 되는 빈 가슴에 바람이 숭숭 들어온다. 허하게 뚫렸지만 심장은 계속 두근거린다. 쿵쾅쿵쾅.

그 어떤 것이든 날 것의 감정을 느끼다

나는 이제 좋은 사람으로 보이려고 노력하지 않는다. 나는 내가 원하는 선택을 하고 원하는 일을 하는 현명한 사람이다. 이제 직무 스트레스를 받지 않는다. 인간관계에서도 좁고 깊게 생각했었는데 이제는 넓게도 얕게도 생각한다.

여러분도 할 수 있다. 그저 쉽게 생각하고 잊어버리면 되는 것이다. 그렇다면 한결같은 마음도 몸도 상쾌해진다. 또 마음 편한 좋은 삶을 누릴 수가 있다. 나는 배우로서의 삶이 좋았지만 그건 내 몸에 맞지 않는 어리석은 결정임을 직시한다. '배우예술'은 사람에게 표현력과 사교 관계를 맺어주는 재미있는 작업이라는 것을 안다. 나는 이제 배우들을 돕는 기획자이자 작가이다. '돕는 사람' 아름답다. 뒤에서 묵묵히 받쳐주는 아름다운 사람이 된다. 우리 이처럼 자신에게 가장 어울리는 삶으로 빛나게 살아보자.

책 『마지막 강의』의 저자는 인생에서 시간이 한정되어 있다면, 환불하는 15분을 기다릴까 말까 묻는다. 그는 환불하는 시간을 낭비라고 여긴다. 그리고 행복이라는 시간을 선택한다. 나는 이 부분을 읽으면서 '아니,

이런 독특하면서도 새겨들어야 할 선택이 있다니!' 생각했다. 이런 선택이 소중하고 행복한 인생의 한 부분을 결정한다. 시간은 우리를 다시 되돌아올 수 있게 하지 않는다. 자신의 행복을 선택하여 시간을 효율적으로 활용해야 한다. 나는 그동안 남을 배려하고 좋아했던 시간들을 다시 바라보기로 했다. 그것은 나를 위해 내가 조금이나마 숨 쉴 수 있는 선택을 해야 함을 알았다.

화를 꾹 참으며 아파하지 말자. 할 말은 해서 고치자. 그래야 당신은 행복을 선택하고 행복한 인생을 가질 수가 있다. 제발 화내지 않는 좋은 사람으로 보이고 싶다는 욕망을 버려라. 인간의 본성은 다 똑같더라.

나는 평소에 내 몸을 생각을 할 틈이 없게 움직이게 만들어 스트레스를 관리한다. 첫 번째는 청소, 두 번째는 온몸으로 아이들과 놀아주기다. 세상 모든 관념을 잊고 그 일에만 몰두한다. 내가 캐나다에 살 때 그쪽 사람들은 말했다. 노는 것도 'WORK'라고.

지독한 가난 속에서 가장이 되고 서울대를 간 한 소녀가 쓴 책『혼자 하는 공부의 힘』에 나온다. 그녀는 자신만의 공부법으로 우리나라 최고의 대학에 진학을 했다. 나도 그랬다. 남들이 스펙이 뭐가 그리 중요하냐고 했다. 나는 능력이 부족해서 그런 간판이라도 있으면 했다. 또 연기를 잘 가르치는 교수님들이 있는 곳으로 나는 아픈 몸을 이끌고 향했다. D대 다녔던 선배가 그랬다.

"S대 가. 거기 교수님이 러시아에서 공부하셨는데 열정이 대단하시다."

나는 그래서 물불 안 가리고 나를 잘 가르칠 수 있는 그 대학에 가려고 몰입했다. 우리 가족에게 좋은 딸로 비춰지기를 바랐다. 그리고 스펙이 있는 딸로도 불려질 테고 나도 진짜 '배우'가 될 수 있을 거라고 생각했다. 그런데 나는 거기 입학하고 나서 알았다. '내가 길을 잘못 왔구나. 난 왜 때려치지 못하지?'라고 말이다.

나는 솔직히 나의 의견이 많은데 말하지 못했다. 좋은 사람으로 보이고 싶다는 착한 사람으로 보이고 싶다는 나의 욕망이 강했다. 나는 많이 아팠다. 지금도 아프다. 누군가가 도와주어야 살아갈 수 있는 사람인 거 100% 맞다. 나는 이제 쉼을 안다. 불의를 보면 눈감지 않고 잘 말할 수 있다. 나의 걱정과 오해는 오히려 나를 더 힘들게 한다. 난 말한다. 개미

만한 목소리이고 염소처럼 '메에~' 하는 목소리일지라도 소리를 낸다.

"저는 작가 최민정입니다. 저는 잘못된 길을 하염없이 걸어왔어요."

이 자리를 빌어 나를 아는 모든 분들께 사과드리고 싶다. 절대 '끙' 하지 않고 당당히 내 의견을 말하겠다. 진정하게 좋은 사람이란 내 모습을 착하게 보이도록 행동하는 사람이 아니다. 이치에 맞게 행동하는 사람이라는 것을 말이다. 자, 말하자. 좋은 사람보다 현명하고 지혜롭고 똑똑한 우리가 되자.

07

부정적 감정을 다스리는 사람이 되라

"한 번 빠지면 헤어나오지 못하는 나의 감정블랙홀 세계에서 박차고 나오다."

내 진리는 어디있을까?

나는 늘 나 자신의 단점을 크게 부각을 시켜서 생각해왔다. 장점은 눈을 감고 외면했고, 단점을 극복하기를 위한 노력만 했었다. 그렇기에 누가 나를 평가하면 극도로 예민했다. 속으로 "나도 안다고! 내 자신을!"이라고 하면서 혼자 가슴앓이했다. 구겨진 가슴을 고이고이 눈물을 뚝뚝 흘리며 다녔다. 다려도 다시는 펴지질 않을 가슴의 한 조각을 주머니 속에 쏙 넣어두고 다녔다. 나는 정말 바보처럼 살았다. 이제는 이 아픔을 밖으로 분출하고 용서하고 안으로는 냉철한 이성으로 통제한다. 단점들을 차근히 뜯으며 고쳐서 나아가고 있고 성장하고 있다. 고통스러운 만큼 큰 성장이라고 믿는다. 이제는 잘 도려내고 약을 바르고 아물기를 기다린다. 그리고 시간이 지난 뒤 새살이 돋는다.

아이들을 위한 책 『나는 건 무서워요』에서 한 장면이 나온다. '하늘을 나는 법'을 무당벌레에게 가르쳐주는 장면이다. 참새도 까마귀도 새도 전부 다 너무 무섭다고 '으아아앙!' 울어대는 무당벌레, 나는 무당벌레 같았다. 매일 울면서도 결국엔 하고 싶어서 맴돌았다. 꿈을 이루고 싶어서 발버둥 쳤다. 매일 힘들어서 죽을 것 같으면서 꿈에 왜 매달리는지 나는 몰랐다. 이유가 없었다. 내 가슴이 시키는 일이라며 내 마음대로 산 것이다. 그 과정을 되짚어보면서 나는 느꼈다.

"참, 철이 없구나. 나는 나만 생각했구나."

나는 현실감 있게 대책을 다시 세웠다. 방향을 바꾸어서 내 삶에 모터를 달고 다시 삶을 개척한다. 앞날에 한 줄기 빛이 들어와 희망이 생기기 시작한 것이다. 그렇다. 현실감 있게 때론 무한한 긍정을 감정적인 동기를 삼아 앞으로 전진하면 그만인 것이다. 여기서 내가 말하고자 하는 말은 우리는 항상 마음을 잘 그리고 감정을 다독여야 한다는 것이다. 그래야 인생이 달라진다.

내 몸과 마음에 맞는 '나'를 그려내자

책 『세상이 당신의 드라마다』에는 김윤진 배우의 헐리우드 도전기라는 내용이 나온다. 누구나 '배우'라면 욕심을 내보라고 희망을 준 자서전이 있다. 나는 이 책을 친구에게 부탁해서 생일 선물로 받아냈다. 나보고 '피터팬 병'에 걸렸다며 나를 챙겨줬던 J라는 고등학교 친구이다. 나는 이 친구에게 맨날 욕을 먹으면서도 참고 참으며 기쁘게 친구가 되었다. 나를 늘 무시하는 말투였다. 나는 그래서 나도 똑같이 해주고 싶어 상처를 주기도 했다. 결국에는 서로에게 절교할 수밖에 없는 감정으로 연락을 차단했다. 나는 이미 '배우'를 하면서 내가 누구인지 고통스러워 누구를 만날 수 없어 허덕였다. 그런데 내가 약속을 안 지킨다는 것이다. 내가 너무 힘들어 약속을 지킬 수 없는 지경이라 말했으면 그 친구랑 헤어짐이 없었을 것이다. 나는 말을 못하고 고통의 감정을 너무 부여잡고만 겨우 살았다.

〈한책협〉으로 가라. 도저히 안 되겠으면 내게 오라. 나는 〈한책협〉에서도 너무나도 '문제아'였다. 당신에게 어떻게 해야 자신을 지켜낼 수 있는지를 다양한 방법을 통해 제시해주고 가르쳐줄 수 있다. 죽고 싶을 만큼 잘 안되거나 마음을 붙들어 부여잡을 수 있게 내 가진 것을 다 걸고 도와주겠다. 나는 상상이 지나친 공상가였다. 자그만한 티끌 같은 일에도 크게 부풀려 생각하는 겨냥이 있었다. 직접 겪다 보니 내가 상상한 것이 틀릴 수도 있고 단순하게 생각하면 된다. 그러나 나는 그러하지 못했다. 늘 불안해했고 고통스러워했고 계속 아팠다. 어딜 가면 누가 나를 쳐다보나? 어딜 가면 내가 부족해서 혹은 내가 모자라서? 움츠러들기가 나의 삶이 전체가 그러하였다. 나는 이 부정적인 감정을 다스리기 위해 무엇을 해야 할까?

자, 부정적 감정을 다스리는 사람이 되어라. 죽어라 해도 안되면 다른 방법으로 다양하게 자신을 다루자. 감정은 한 번 어긋나기 시작하면 낭떠러지에 떨어지는 폭포수 마냥 걷잡을 수 없는 그대로 이어가는 폭주기관차와 같다. 그러니 석탄도 적절히, 운전도 조심히, 내 사람과 내 주변이들을 둘러보면서 자기 자신을 관찰하며 돌보자. 나는 이제 부정적인 감정을 잘 다스린다. 늘 긍정적으로 살 수 있는 신념과 관념을 키워준 〈한책협〉이라는 곳에서 나의 모습을 만들어주셨다. 그들은 내가 왜 아픈지를 정말 내가 가지고 있는 모든 것을 알고 싶어 했다. 또 내가 자신감을 찾을 수 있게 끊임없이 도와주셨다. 진심으로 감사하다. 병도 고칠 수 있고 나의 간절한 심정을 들어주고 조언을 해주셨다. 스스로에 대한 믿음과 사랑을 대놓고 다 알려주셨다. 나는 할 수 있다. 나는 계속 알려 드리겠다. 내가 정상으로 살다가 아팠다가 정상으로 살다가를 반복하지만 그러지 않게 멈추려고 노력한다. 다시는 정신을 잃지 않게 노력하고 치유하는 비법을 늘 견고하게 만들겠다.

나는 행복하다. 내가 하고 싶은 일을 해서 너무나 행복하다. 내 세상이 이루어진 것만 같은 세상에 내가 혼자 서 있는 것만 같다. 나는 이제 부정적인 감정을 다스리는 사람이 된다. 긍정이 회오리치듯 내 몸을 휘감아 안는다. 나는 사람들에게 내가 살아온 이런 감정을 어떻게 잡았는지 이야기를 할 것이다. 솔직히 '세바시'도 출연하고 싶다. 부족하면 관객스피치 2분이라도 마임이라도 해보고 싶다. 우리 경계선 장애인도 이렇게 '할 수 있다!'를 보여주고 싶다. 장애인은 그저 다른 것이지, 절대 이상한 사람이 아니라는 것을 보여주고 알려드리고 싶다. 세상은 워낙 다원화가 되었다. 고독한 분들도 넘쳐나고 시시각각 변한다. 나의 이 책이 그러한 분들에게 따뜻한 위로가 되기를 바란다.

08

**자신의 욕구를
솔직하게 표현하고 인정하라**

"빙빙둘러대지 마. 심장에 날카롭게 찌르는 말. 너도 할 수 있다."

나도 입이, 생각이, 사명감이 있다

나는 내 욕망을 항상 둘러대며 살아왔다. 그게 내 삶이었고 일상이었다. 즉, 나는 '최고의 거짓말쟁이'로 살았다. 대놓고 '거짓된 인생'으로 점철되는 인간이었다. 다 알고 들통날 거짓말을 하면서 살았다. 그러면서 아픈 척, 슬픈 척, 나를 모르는 척했다. 나는 나를 자꾸 옥죄었다. 나는 나를 속이고 또 속였다. 나는 나의 진짜 마음을 인정하지 않았다.

자신의 욕구를 솔직하게 표현하고 인정하라. 그리고 행동하라. 나는 이런 나의 감정을 인정한다. 솔직하게 표현하고 천천히 단계를 밟으면서 나아간다. '힐링예술'을 하는 것이 내 삶의 이유이다.

한 걸음씩 천천히 걷다 보면 정상에 다 다르고 다시 우리는 신나게 내려오면 된다. 그쯤이면 되는 것이다. 책『감정연습』에서는 "당신은 그 모든 것을 당장 이루어야만 합니까?"라고 물어본다.

나는 내 꿈을 이루고 싶다. '힐링예술가'라는 단 하나의 전문가로 말이다. 자, 힘들면 첫째, "힘들다."라고 말해라. 그래야 알아듣는다. 말 안하면 우주의 화성인도 모른다. 이 소리는 내가 그동안 살아오면서 말 못 했던 점을 토로하는 것이다. 나는 그랬다. 나의 진짜 감정의 말을 하지 못했다. 말을 하더라도 애써 둘러대고 말했다. 한마디라도 정확하게 말하기가 숨차 오르고 힘들고 그랬다. 힘들면 "힘들다."라고 솔직하고 정확하게 말을 했어야 했는데 그러지 못했다. 그런데 잘 말하면 '힘듦'은 언제든지 공감을 받을 수도 있다. 나는 왜 그걸 몰랐을까?

직업은 자신의 옷을 입듯 딱 맞고 하고 싶은 일이 천직이다. 내가 즐기기 편한 직업! 그런 사람은 진정으로 자신의 빛을 아는 사람이다.

공감은 타고나는 것이 아니라 배우는 것이라고 한다. 책 『당신이 옳다』에서는 이렇게 말한다. 나는 이제야 세상을 향해 진정한 공감을 한다. 내스스로 고친 조현병 환자로서 나는 모두에게 모든 것을 공개하겠다.

나는 늘 떨리고 설레는 마음으로 살고 싶다. 그리 살아왔다. 지금 그렇게 살아온 것처럼 앞으로도 그렇게 살아갈 것이다. 단지 나는 선언을 한다. 사람들의 말을 이해하고 잘 듣고 공감하겠다. 마음이 아프신 분들을 위하여 내 삶을 바치겠다.

여러분은 어떤 일을 가장 하고 싶은가? 당신의 말과 감정, 당신이 보고 느끼는 것들 모두 다 말이다. 도와달라고 할 수 있으면 진심으로 해라. 힘들면 도움을 받아도 괜찮다. 당신은 이 세상에 하나뿐이고 고귀하고 소중한 존재이다. 이 세상은 혼자 사는 것이 아니다. 혼자라고 느껴졌을 때 오히려 적극적으로 당신을 알려야 한다. 그래야 모든 사람들이 너에게 따뜻한 손을 건네고 내민다. 내가 직접 겪은 것처럼 말이다.

나는 지금 나보다 남 걱정을 부단히 한다. 계획된 일에서 벗어나 지금 마음이 아프신 어떤 분이 생각나 지하철에서 내려 그곳에 갔다. '나는 이렇게 감정 조절할 줄 모르는구나.' 또 한 번 스스로에게 자책을 한다. 책 『성공한 자녀 뒤에 현명한 부모가 있다』에서는 말한다. 아이들이 용돈 범위를 벗어나버리면 지출할 때 절대 허락하지 말라고 말이다. 용돈을 무계획적으로 다 써버리면 그만큼 고통이 따른다는 것을 이해시켜야 한다. 나는 그랬다. 돈이 없는 사람이면서 있는 사람인 것처럼 환상을 믿고 살아왔다. 이제는 현실을 바로 본다. 현실감 있게 현실에서 노력하기로 한다. 우리 친정은 집 한 채 사본 적이 없고 전세, 월세를 전전하며 살았다는 것을 직시한다.

죽을 것 같다면 말해라. 당신은 지금 갈 때까지 갔다고 생각을 하는가? 나도 그랬다. 무조건 갈때까지 가야만 했다. 이제 나는 나를 터뜨리니 감정을 다채롭게 다 가졌다. 기술력 있게 표현을 할 수도 있다. 나는 진짜 최민정의 모습으로 나를 찾았다. 진정한 '나'로 살아간다. 나는 요즘 내 소리를 내고 외친다. 온몸으로 표현하고 다닌다.

자신의 욕구를 솔직하게 요구하고 인정하라. 자신만의 알록달록한 또 다른 변모에 식겁하고 놀랍더라도 그것 또한 자기 자신이다. 자신의 모습이라는 것을 바로 보고 인정하자. '인정하는 것!' '자신을 잘 아는 것!' 그것이 인생에서 가장 성공한 것이라고 나는 생각한다. 나는 이렇게 책을 쓰고 말았다. 나는 유혹에 쉽게 넘어간다. 공부도 좀 더 하고 나를 더 잘 알아서 나를 더 명확하게 그림 그리고 싶다. 내가 하는 일을 늘 하던 것처럼 잘 꾸려가고 싶다.

나는 남편에게 "고맙다."고 하염 없이 이야기를 한다. 아픈 걸 알면서도 나를 사랑해준 고마운 남편이다. 그동안 같이 해온 세월과 앞으로 살아갈 삶에 대해 거리낌 없이 자유롭게 이야기를 하겠다.

"당신은 나의 유일한 친구였어. 이제 세상 앞에 나아갈래."

우리는 허송세월만 보내지 말고 이제는 행동을 하면서 살아야 한다. 사계절 동안 느낄 수 있는 것은 다 느끼고 마음껏 누리면서 살았으면 좋겠다. 나는 그동안 내 깊은 슬픈 감정에만 갇혀서 살아왔다. 계속 희박한 가능성만을 보았을까? 내가 잘하는 것이 있고 즐길 수 있는 일이 있는데 왜 나는 더 찾지 않았을까? 이제 나는 나를 쏟아낸다. 내 욕구를 확실하

게 표현하려고 발 빠르게 말하고 다닌다. 나는 오늘 결혼식에서 도와달

라고 공연이랑 영상을 만들자고 내 의견을 적극 어필했다. 말하고 나니

이 후련함에 미치게 너무 행복하고 뿌듯하다.

4장

나 자신으로서
살아가기 위한
9가지 원칙

_____

01

일상의 소소한
즐거움을 찾아라

"떠나면서 변하지 말아야 할 가치를 늘 가지고 다녔다."

공기만큼의 행복

당신에게 있어 소소하고 즐거움은 무엇인가? 나는 가족이 서로의 눈을 마주 보고 따뜻하게 마음을 헤아리는 것이라고 생각한다. 그리고 같은 공기를 마시며 즐겁게 지내는 것이라고 생각을 한다. 나는 이것도 '가장 따뜻하고 소소한 소중한 즐거움'이 될 수 있다고 느낀다. 우리 주변을 가까이 둘러보아라. 정말 다들 열심히 산다. 저마다 사연이 있고 아픔이 있으나 가족과 행복하게 지내려고 안간힘을 쓰고 살아간다. 일상을 견딘

다. 어떠한 슬픔과 고통도 이기고 희망을 갖는다. 그리고 함께 즐기고 마음을 나누며 산다.

책 『아이러브뮤지컬』에서는 뮤지컬 기행이 나온다. 나는 이 책이 나를 그곳에 데리고 가는 마냥 행복해서 가고 싶었다. 브로드웨이랑 웨스트엔드 극장에 앉아 있는 나를 상상해본다. 이렇듯 나는 꿈을 꾼다. 내가 바라던 이상을 햇살에 내리쬐는 카페의 한 귀퉁이에 앉아 나를 목욕시킨다. 진짜 좋다. '햇살 목욕!' 따뜻하게 나를 감싸준다. 나는 그 행복감에 젖어 신나게 뮤지컬 〈캣츠〉에 나오는 늙은 고양이의 〈Memory〉를 흥얼댄다. 자, 일상의 소소한 즐거움을 찾아라. 더할 나위 없이 최고의 환희가 당신을 감싸 안을 것이다.

나는 항상 현실에 치여서 살았다. 겨우 숨을 쉬면서 살았다. 어떻게 살아야 하는 것일까? 나는 끊임없이 내게 물었다. '예술 철학자'처럼 나는 '일상에 소소한 즐거움을 찾는 방법을 찾는 것.'이 답임을 알았다. 첫째 예쁜 스티커 사기. 나는 오늘도 홀로그램이 알록달록한 '하트스티커'를 샀다. 빨려 들어갈 것 같은 눈부심이 나를 황홀하게 만들었다. 나는 이런 소소함에 '천 원, 2천 원 하는 스티커라도 행복하면 그만 아닌가?'라는 생각을 했다.

책『감정은 습관이다』에서는 말한다. "행복보다 불행이 편한 사람들이 있다."고 말이다. 내가 딱 그랬다. 슬픔은 당연히 모두 나의 것이라고 혼자 청승 떠는 사람이었다. 나는 이제 바보 같은 짓을 그만 하고 행복을 만드는 사람이 될 것이다.

책『혼자 하는 공부의 힘』에서 뇌가 긍정적일 때 일이 잘 풀린다고 한다. 뇌에 산소 공급이 원활하면 열린 사고가 생긴다고 일컫는다. 나는 늘 폐쇄적이었다. 열리지 않는 사고를 하지 않고 쏘다니기만 했다. 그러니 어디 마음을 둘 곳이 없어서 떠돌이, 나그네 같은 삶을 산 경계선 장애인이었다. 경계선 장애인은 지능지수만을 말하는 것이 아니다. 정신적으로 유아인 상태로 한마디로 정신연령이 낮았다. 진짜 소통을 할 줄 모르는 아이 같은 사람이었다. 나는 어른이 되는 것을 스스로가 자포자기했다. 외톨이처럼 모든 것을 외면하면서 살았다. '포기!' 그렇다. 항상 내가 하는 일에 있어서 나는 실패했다. 우리는 이때 생각을 멈추고 자신을 점검해야 한다. 상대방을 믿고 들어야 한다. 공유와 나눔. 진정으로의 소통이 그때서부터 가능해지는 것이다.

꽃들을 보고, 하늘을 보고, 땅을 보고, 주변의 냄새를 맡는다. 나는 나의 감각을 총동원하여 느끼고 행복해한다. 더 이상 나는 마음 졸이며 살지 않는다. 행복과 대화하고 행복과 친구한다. 그래서 주변의 사물들에 대해 관심을 가지고, 감사해하며 삶을 즐긴다. 다른 삶을 쫓아다니며 힘들어하지 않는다. 정착에 대한 곧은 심지를 마음 깊숙이 넣어둔다. 내 자리, 내가 숨 쉬는 이 순간을 즐긴다. 그럼 모든 게 감사하고 삶의 재미와 즐거움이 더해진다. 바쁘게 사는 워킹맘, 나를 꾸미는 나를 존경하는 나의 참모습을 내가 슬쩍슬쩍 감상하게 된다. 나는 처음으로 책을 쓴다. 울퉁불퉁 뭉게구름 같은 글들이다. 그래도 좋다. 이런 일상을 내가 만들었다.

그 어떤 것도 함부로 버려져서는 안 된다

가난한 자들을 위해 집을 지어주기로 한다. 책 『초인들의 삶과 가르침을 찾아서』에서는 15분 만에 완성된 집을 보자고 한다. 흥미진진한 탐사선을 타는 기분이다. 과연 어떤 느낌일까? 세상에 보지 못한 듣지 못한 것을 경험한다는 것은 정말 재미있고 신나는 일이다. 나는 〈한책협〉을 만나고 글을 쓰는 것이 엄청 좋고 행복해졌다. 왜냐하면 내 자신과 이야기하는 것이 제일 좋은 친구랑 이야기하는 것 같아서이다. 나는 '작가'가 되면서 '힐링예술가'가 될 것이다. 나는 이 일이 하늘에 떠 있는 새털구름마냥 행복하고 너무 좋다. 안 하면 미칠 것 같다. 그래서 나는 이렇게 나를 알리는 중인가 보다. 행복하다. 이렇게 글을 쓰고 사진을 찍고 영상을 찍고 혼자 거리 공연을 하는 나.

『세상이 당신의 드라마다』라고 내가 엄청 좋아하는 책이 있다. 자신만의 전문성을 가지고 살면 되는 그런 삶을 가르쳐준다. 할리우드에서 몸소 배운 김윤진의 고군분투기는 나를 매료시켰다. 나는 높은 이상을 바라보면서 현실을 이겨나가는 무명 배우였다. 그래야 나는 살 수 있었다. 현재를 바라봤을 때 자신이 하염없이 초라하고 부끄러웠다. 그냥 현실의 나로 살았으면 좋았을 텐데 그러지 못했다. 그냥 '나'로 사는 것이 중요한 거였다. 나는 그동안 자신의 위치, 자신이 생각하는 삶을 어렵게 살아왔다. 영화는 영화 속 인물처럼 연극 속에서 그 인물로 닿을 수 있도록 극도로 나를 치닫게 했다. 이런 사람일수록 갇혀 있지 않고 나와야 한다. 그래야 자신의 삶을 살 수 있다. 내가 바로 지금 하는 것들이 다 소중하고 만족스럽다면? 그러면 된 것이다. 신난다면 그것으로 족한 것이다. 현재를 살자. 우리!

모든 사람이
나를 좋아해야 할 이유는 없다

"인정받으려 애쓰지 마. 충분히 인정해주고 받아주는 누군가가 있다."

'착한 척'은 내 삶의 연기였다

나는 지금 나를 비로소 알아간다. 때로는 털털하게 마음과 시간적인 여유를 주면서 때로는 즐기면서 열심히 하여 사람들에게 긴장을 주고 그랬어야 했다. 나는 그것을 잘 몰랐다. 리듬감 있는 인간관계를 하지 못했다. 난 그 동생이 좋았다. 나를 미워하더라도 잘 보이고 싶어서 노력했다. 싫어하는 말을 대놓고 해도 나는 꾹꾹 참으며 하라는 대로 한 것이다. 나는 그 동생의 카리스마가 좋았고 사람들을 리더십 있게 이끄는 모습을 배우고 싶었다. 그가 나를 싫어해도 좋아했다. 그러면서 나를 닥달했다. 지금에서야 깨달은 것은 모든 사람들이 나를 좋아했으면 하는 이기적이고 어리석은 사람이었다. 충분히 나를 인정해주는 많은 사람들이 있었음에도 불구하고 말이다.

나는 나약했다. 연기를 하기에는 에너지가 참으로 부족했었다. 한 번 무너지면 다 무너졌었다. 내가 생각하는 대로 되지 않으면 잊지 못하고 번번히 집착하고 실패했다. 나는 이제 잊었다. 날 싫어해도 좋다. 모든 사람이 나를 좋아해야 할 이유는 없다. 보이지 않는 뿌연 안개 속을 헤매는 일이 있더라도 다 헤쳐나간다.

모든 사람들이 나를 좋아해야 할 이유는 없다. 나는 사람을 연구하는 배우로서 사람은 다 똑같고, 모두의 감정 역시 모호하기도 하다는 사실을 알았다. 그렇기에 애써 모든 사람이 다 나를 좋게 보기를 바라지 않는다. 그걸 바라면 자신만 더 상처받고 몸도 힘들고 앞으로의 미래를 향해 나아가지 못한다. 생각의 핵심과 중심을 잘 잡고 자신의 인생을 개척해야 한다는 결론이 섰다.

난 관심 받고 싶었다. 항상 이 세상에 없는 무존재로 살아가는 내가 싫었다. 아니 역겨웠다. 베일에 싸여도 어쩜 이렇게 쌓여 있는지. 도통 내 자신도 알 수 없는 인간이라 치부하면서 살아갔다. 그래서 TV에서 보는 연기자들을 보면 늘 행복하고 사람들한테 주목받고 하는 삶이 늘 부럽고 그렇게 되고 싶었다.

나는 그 꿈에 조금씩 물들어가고 있었던 것이다. 새초롬 한 이슬이 맺힌 파란 장미처럼. 파란 장미는 인공 장미! 무척이나 이쁘다. 본래의 색이 아닌 인공색소로 만들어진 파란장미. 더 빛나는 무지개 장미처럼.

사람들은 끊임없는 창조를 원한다. 언제부터인가 '무지개색 장미'를 볼 수 있었던 것처럼. 난 '무지개 장미'였다. 너무 인위적이라 싫어할 수도 있겠다. 무지개 장미의 꽃말은 '꿈은 이루어진다.'라는 뜻처럼 사람들에게 행복을 선사하고 아름다움을 선사하는 행복한 장미가 될 수도 있다. 나는 그렇게 믿음과 확신을 갖고 생각하고 선포하며 살았다. '무지개 장미'가 좋다고 SNS에 올리고 나는 그랬다. 나는 나를 진공포장 하듯이 숨을 다 죽이고 꽁꽁 묶고 인공포장하며 쏘다녔다. 모든 사람들이 나를 좋아하도록 일명 '착한 척'을 하고 다닌 것이다. 이제와서 느끼지만 '착한 척'은 참으로 고달픈 일이다. 내가 그런 삶을 살아서, 더더욱 그렇다. 그래도 나는 내가 좋다. 그것도 나이기 때문이다. 이제는 모든 사람들이 좋아하지 않더라도 괜찮다. 나는 '나'다.

무엇이든 될 수 있었던, 그 힘은 나에게는 꿈과 생명수였어

모든 사람이 날 좋아해야 할 이유가 없듯이 나도 모든 사람을 좋아해야 할 이유는 없다. 지속하는 관계가 힘들다면 헤어짐이 맞고 그냥 놓아주는 것이 좋다. 자신의 심신에 좋고 그것이 그 사람에게 행복을 주는 것이 아닐까? 일이라는 게 그렇다. 만나고 헤어짐의 연속이다. 그 순환 과정에서 우리는 아름답게 헤어지는 법을 알아야 한다. 훗날 그것이 당신에게 좋은 역사가 될 수 있도록 부끄럽지 않게 관계를 일찌감치 정리하는 것이 오히려 심신에 도움이 될 것이다. 깨지고 부서지고 일부러 지속하는 슬픔에 아파하지 말자.

나는 나보다 약한 사람들을 좋아했다. 도와주고 싶고 함께하고 싶고 그랬다. 나는 그냥 그게 행복했다. 단지 그 이상 그 이하도 아니었다. 나는 말을 잘 못한다. 그래도 내가 할 수 있는 한 최대한 잘 해주려고 했다.

그래야 내 사람이고 나를 떠나지 않을 거라고 생각했다. 왜냐하면 나는 친구랑 절교하는 게 너무 힘들었고 상처였다. 나는 아닌데 몇 번이고 수천 번이고 너를 생각하는데 말을 하지 못했다. 나는 솔직히 글을 못쓴다. 읽는 것도 마찬가지다. 홀로 있을 때는 무섭게 한다. '나는야 작가 체질!' 나는 작가들이랑 친해지고 싶다. 말 많고 시끄러운 사람들과는 벅차고 친해지지 못하는 사람이라고 단정을 스스로 지었다. 전업 연기자들은 진짜 말을 잘한다. 어쩜 쉬지 않고 그렇게 맛깔나게 하는지 너무 닮고 싶었다. 나는 그곳이 내 자리가 아니라는 것을 알았으니 이제 과감히 던져버리겠다.

나와 비슷한 경험을 하는 사람들의 아픔을 덜어주고 싶다. 나는 가치 있는 삶을 산다. 모든 사람이 나를 좋아할 수는 없다. 나는 바보다. 소통할 줄 모르고 36년 동안 내 자신을 길바닥에 던지며 아무렇지 않게 살아왔다. 이제는 그러지 않겠다. 내가 모든 사람들을 사랑하는 만큼 나는 사랑을 나누며 살겠다. 단지 무리가 가지 않게 감정 조절을 하면서…….

03

타인의 칭찬과 인정에 대한 집착을 버려라

"상대에 대한 과한 기대는 자기 자신을 파멸로 이끈다."

나는 말을 하고 내 말을 할 수가 있다

나는 노래방 가는 것을 좋아한다. 그런데 어느 순간부터 내 목소리가 싫고 내 귀가 싫어서 거부하고 노래를 부르는 순간이 오면 죽고 싶었다. 왜? 나는 내가 노래를 못한다고 어느 순간 기억하고 세뇌를 시켜 왔기 때문이다. 나는 상처를 받으면 깊이 기억한다. 한마디로 뒤끝 작렬이었다. 너무 싫어도 너무 아파도 참고 참아 내 속병을 키웠다. 우리 그러지 말자. 혼자 잘해주고 상처받지 말자. 나는 내 있는 거 다 주어도 한 가지라도 못 받을 수 있다는 사실을 몰랐다. 준다는 것은 이미 내 것이 아니고 나를 떠난 것이다. 발을 동동 구르며 상처받지 말자. 상처를 받으면 받을 수록 나만 피곤해진다. 제발 잘 안 해줘도 좋으니 자신의 인생을 살고 원하는 이상을 말하며 앞으로 나아가자. 현실의 벽에 부딪혔을 때 융통성 있게 삶을 수정하고 고치고 뚝딱뚝딱 아름답게 꾸며 나아가자.

타인의 칭찬과 인정에 대한 집착을 버려라. 본질보다 남의 관심에 집중하게 되면 자신이 원하고자 하는 목표가 상대방 의견에 흔들릴 수 있다는 이야기이다. 남과 함께 가되 자신의 인생의 목표를 주장하고 협의를 통해 함께 나아가야 한다. 물론 엄청나게 지치고 때려치고 싶고 쉬고 싶을 것이다.

그러나 그것은 내가 이루고자 하는 꿈의 과정이기에 지속하면 되는 것이다. 남의 비판과 남의 칭찬에 너무 우울하거나 우쭐하지 말자. 어제 당신과 오늘의 당신 그리고 내일의 당신은 그 자체만으로도 훌륭하고 멋지기 때문이다. 자기 자신을 바로 똑바로 보자. 자신을 사랑하자. 남의 반응에 대한 집착을 싹 지워버릴 때 당신은 꿈에 한 발짝 더 다가가 있는 진정한 자신을 볼 수가 있을 것이다.

자, 자신의 꿈을 갖고 누군가를 찾아가라. 그것이 조금 어렵다면 내가 당신의 이야기를 들어주고 도움이 될 수 있도록 도와주겠다. 힘내라. 어렵지 않다. 어렵다고 생각하면 할수록 어려워진다. 쉽다고 생각하면 할수록 쉬워지는 게 인생이더라.

나는 타인의 말 한마디에 집착했다. 무심코 던진 말 한마디에 나를 잃고 그 말 한마디에 휘둘렸다. 나는 닥치는 대로 살았다. 사람들 한마디가 비수처럼 꽂혀 피흘리고 그 사람이 이야기했던 것을 가슴에 품고 살았다. 인생은 그 누구의 것이 아니라 내 것이다. 내가 하고 싶은 말은 '타인의 칭찬과 인정에 대한 집착을 버려라.'이다. 나는 그랬다. 아니 너무 그랬다.

착각의 여왕. 타인에게 사랑받고 싶은 욕구가 너무 과하고 지나쳤다. 사람의 한마디에 충격받고 아파했다. 자신의 능력의 이상의 것을 자꾸 목표로 잡으니 지치고 힘들고 쓰러졌다. 나는 단지 '배우' 그 단 한가지! 꿈이 되고 싶었는데 그것은 내 것이 아니였다. 사람들은 말도 안 된다고 했다. 그 소리를 알면서도 계속하는 어리석은 내가 싫어도 나는 계속 도전을 했다.

버림받을 수 있다

책 『당신은 아무 일 없던 사람보다 강합니다.』에서는 "삶은 늘 공사중입니다."라고 말한다. 나도 이 한 문장에 공감한다. 맞다. 실패의 연속은 성공의 연속으로 가는 질주이다. 그래서 현실에 주저앉지 않고 '꿈'이라는 공간의 여지를 조금이라도 남겨둔다. 그리고 그것을 향해 '꿈'을 잃지 말라고 꿈을 키워간다. 36세에 애 셋 딸린 아줌마가 희망을 스스로 마음에 굳게 꽂고 자기 자신을 만든다. 나는 그렇게 믿고 내 길을 간다. 여러분도 그렇게 해라. 현실 도피가 아니라 현실에 충실하며 미래로 나아갈 수 있는 힘을 기르자. 제발 타인의 칭찬과 인정에 대한 집착을 버리자. 오늘은 당신의 것이고 미래도 당신의 것이 될 수 있다.

사람은 언제 어디서든 흔들리게 되어있다. 여기서 흔들리지 않으려면 자신이 가지고 있는 정체성을 정확하고 명확하게 알아야 한다. 그래야 자신의 길을 뚜렷하게 나아간다. 끊임없이 되묻고 내가 이 세상에 태어난 이유를 알게 되면 필요한 존재가 된다. 내 소원인 이 세상에 마음 아프신 분들을 위하여 소리를 듣고 치유하고자 '힐링예술'을 하는 것처럼 말이다. 당신도 할 수 있다. 자신의 존재를 알고 진행하는 힘만 있으면 된다. 자, 성장하자. 꿈을 갖고 현재에 매진하자. 현재가 즐겁고 앞으로 전진을 하며 나아갈 수 있는 '인생 동반자'가 되어 줄 친구들이 모일 것이다.

나는 현시대의 대세를 즐기는 것이 현재를 즐기는 또 하나의 새로운 행복이라는 것을 나는 이제 안다. 간다. 세상을 향해. 부족하지 않은 '나'라고 나 자체가 피부마저 너무나 좋다고 말이다. 자, 자신의 행복에 초점을 맞추어 살아가자. 타인의 잣대에 맞추는 순간. 당신은 불행해진다.

자, 자신이 바로 서기 위한 가장 중요한 단계인 타인의 칭찬과 인정에 대한 집착을 버리자. 자신이 행복해야 그 누구도 도와줄 수 있기 때문이다.

나는 늘 아파하고 고통스러워했다. 아니 그것을 당연시했고 내 숙명처럼 받아들였다. 그렇게 사는 게 답이었다고 생각하는 경계선 장애인이 나였다고 앞에서 밝혔다. 나는 나 자신은 온데간데없었고 남의 잣대에 움직이며 왜 그렇게 살아왔을까. 이제는 그러지 않기로 다짐을 한다. 누가 뭐라고 하든 '그것은 당신의 의견이고 내 견해는 다르면 다르다.'라고 말하겠다. 우리는 삶을 이렇게 살아야 한다. 서로 소통하는 것도 중요하고 협력하는 것도 중요하지만 감정 조절을 하면서 자신의 삶과 길을 한 편의 작품으로 잘 만들어야 한다. 온전히 자기 자신으로서 살자. 빛나는 당신의 삶이 당신이 그리던 저기 저편의 그림이 한 폭의 수채화처럼 그려질 것이다. 만져진다. 안개를 불어 날리듯 내 삶도 그렇게 오늘도 그려진다.

04

조금은
이기적으로 살아라

"나를 느끼기 위해서 조금은 이기적일 필요가 있다."

나는 개척하는 사람이다

조금은 이기적으로 살아도 정말 괜찮다. '뭔 소리? 이기적? 뭐 이런 황당하고 허무맹랑한 소리를?' 싶을 것이다. 그래도 된다.

첫째, 삶이 즐거워진다.

둘째, 이제 아프지 않게 된다.

셋째, 진리를 찾게 된다.

솔직히 조금은 이기적으로 살아도 진짜 괜찮다. "나는 이제부터 조금은 이기적으로 살 거야!"라고 선언하고 선포한다. 왜? 그래야 자신의 삶이 달라지기 때문이다. 우리의 삶은 그 누구의 것도 아니다. 바로 자신! 본인이 주체적으로 살아야 한다. 당신은 얼마나 자신의 결정권을 가지고 있고 살고 있나? 지금 당장 선택을 하고 자신을 변화시킬 수 있는 '내'가 되자. 인생을 가치 있게 자신의 것으로 쟁취하는 것이다. 이는 찬란하고 희망찬 희열감이 자신의 내면에 꾹꾹 퍼 담겨 몸속 깊이 느껴질 것이다.

책『인생의 절반 쯤 왔을 때 읽어야 할 채근담』에서는 이렇게 말한다.

"행실은 지나치게 고상하지 말 것이니 너무 고상하면 비방이 일어나고 헐뜯음을 듣게 될 것이다."

나는 진짜 고상한 척이 지나쳤다. 나는 나를 너무 숨겼다. 내 뒤에 엄청난 나쁜 모습이 있었다고 말이다. 솔직한 모습으로 이기적으로 살았다면 지금쯤 '배우'로 잘 하고 있었을 텐데 나는 나를 다 풀어 내려놓는다. 계속 내려놓고 나에게 오는 소리 그 어떤 것도 견딜 수 있는 힘이 있다고 믿고 다 받아들인다. 힘내라! 인생은 정말 별거 없고 별거 없다. 단 늘 최선을 다해 하루하루를 살다 보면 그것이 진정한 힘이 되어 내 인생이 된다. 조금은 이기적으로 살아도 괜찮다. 그러니 당신은 오늘도 괜한 걱정에 하루를 마음 아파하며 다 보내지 말아라.

나는 지금 글을 쓰기로 하여 밖으로 나왔다. 내게 온 마지막 기회이자 위기이기 때문이다. 현금도 카드도 사용을 할 수 없는 단계까지 왔다. 이제 빚만 남았다. 그러나 이것은 숫자에 불과하다. 내가 그리 정하고 그리 생각하면 마음이 편해지기 때문이다. 참으로 이기적이다. 그렇다고 지금 이 순간을 빚만 생각하면서 지낼 수도 없는 소중한 시간이다. 우리는 삶을 여러 형태로 바라보아야 한다. 그래야 다색다취스러운 행복한 삶이 펼쳐진다. 나는 오늘도 순간순간에 몰입하며 집중한다. 걷고, 보고, 듣고, 느끼고 오감을 만족한다. 삶이 더할 나위 없이 행복하다고 느낀다. 나는 나의 꿈결 같은 꿈들을 향해 한 호흡씩 쉬어가며 살아 숨 쉬는 듯 어떤 존재가 된다.

나는 이 시간이 너무나 행복하다. 오로지 나와의 대화 시간이기에 행복하다. 늘 아이와 남편과 사람들과 보내는 시간도 좋지만 나를 위한 고귀하고도 아름다운 시간을 밤하늘과 별들과 친구하면서 글을 쓴다. 아가들도 사랑스럽게 자고 있는 이 시간. 가끔은 이렇게 숨을 쉴 수 있어서 나는 너무나 좋다. 이기적인 행동이긴 하다. 나도 안다. 그래도 나는 내가 좋다. 왜냐하면 이것은 나를 진정으로 사랑하는 일이다. 나는 잔디밭에 앉아 나무에 기대에 키보드를 두드리며 지나가는 차 소리를 듣는다. 때론 너무 막막할 때 이렇게 나는 키보드를 두드리며 나는 책을 잘 써 내려간다. 마음이 내게 말을 걸어온다.

보이지 않는 진실과 보이는 진실에서 나는 무엇이 '맞다!'고 판단해야 할까? 때론 보이는 대로 때론 보이지 않는 숨은 비밀을 찾듯. 영화 〈뺑반〉에서는 이 두 가지 마음에 대한 대결이 펼쳐진다. 이것은 사람마다 다르고 마음가짐에 따라 바뀔 수도 있다고 나는 생각한다.

자, 의견의 차이이므로 이때 우리는 선의의 이상과 악의 상징인 현실 앞에서 잘 판단하자. 자기 자신이 걸어야 할 길을 가야 한다면? 조금은 이기적이라도 오로지 자신의 판단으로 결정한다. 이것이 꼭 필요하다. 함께 하는 것도 중요하지만 올바른 자신의 주장과 자신의 삶을 살아야 한다. 자! 조금은 이기적이라고 하더라도 우리는 우리의 인생을 살아야 한다. 유레카! 매일 상쾌한 공기를 마시며 자신의 인생을 내 것으로 매료되게 사로잡자. 당신이 행복하게 된다면 조금이나마 이기적으로 살아도 괜찮다.

나는 내 길을 걷는다. 쉬지 않고 걷는다. 괴롭고 슬프더라도 그 틈 사이로 기쁨도 있고 행복도 있고 여유도 있다. 사람들의 마음의 소리를 듣는다. 알고 있다. 자세히 직시하고 걷다 보면 보다 풍요로운 삶을 살 수 있다는 것도 안다. 나는 그래서 걷고 말하고 달리고 외친다. 할 수 있는 만큼만이라도 가슴 충만한 삶을 위해 살자. 그것이 비록 죽으면 없어지는 '환상'일지라도. 자기 자신이 이기적이라서 죽을 것 같은 마음이 들더라도 조금은 이기적이어야 얻을 수 있는 것이라면 유연성 있게 받아들이라고 말하고 싶다. 뇌를 깨우는 방법은 가지 않는 길을 걷는 개척자일 것이다.

책『하루 한권 독서법』에서는 말한다. 다양한 사람들을 책에서 만날 수 있으니 계속 시도하라고 전해준다. 나는 이 책처럼 그것을 현실 세계가 아니라 책 내용 안에 있는 인물들과 공부했다. 혼자서 독학으로 연기를 공부했다. 철저하게 이기적으로 내 방법이 맞다고 나아갔다. 나는 정말 폐쇄적이었고 자신의 방법이 100% 맞다고 믿는 아이였다. 연기는 소통의 도구가 '말'과 '듣기'가 주가 되는 경우가 많다. 나는 그런데 왜 이기적으로 나는 말을 못하니깐 나만의 방법으로 개척해나간다고 했을까? '소통'도 못하는 내가 왜 '배우'가 되었을까? 나는 너무나 나만 생각하는 이기적이고, 독단적이고, 폐쇄적인 사람이었던 것이다. 나는 이제 잘 듣는다. 그리고 말한다. 내가 내 삶이 그동안 고단한 이유가 경계선 장애인이었다는 사실을 말이다.

지울 수 없는 감정을 뒤돌아서 서서 살피며 돌보자

나는 이제 사람들의 비난의 소리를 즐겁게 듣는다. 바보가 아니라 좋은 비판은 받아들이고 행동을 수정하며 나를 발전시키겠다. 나는 긍정적이고 건강한 사람으로 살겠다는 의미이다. 사람들한테 괜한 오해를 하지 않도록 조심하도록 하겠다. 그러나 만약 오해가 발생하면 나는 그것을 잘 해결하도록 노력할 것이다. 잘 해결되지 않는다면 그냥 놓아줄 것이다. 그래야 내 마음과 몸이 편해지니 말이다. 나는 평상시에 핸드폰을 잘 잃어버린다. 오늘도 잃어버렸다. 나는 하나에 꽂히면 그 생각에 깊숙하게 풍덩 빠지는 버릇 때문에 그렇다. 그래도 나는 내가 좋다. 주변 사람은 답답하고 연락하고 싶겠지만 나는 이로 인해 잠시나마 사람들로부터 해방되어서 좋다. 나는 참 이기적이다.

나는 이제 조금은 이기적으로 살아도 괜찮다고 '꿈'을 꾼다. 영국에 가서 나만의 연구와 공부를 해서 내 꿈을 이루겠다. 나는 한 번도 놓지 않았던 나의 꿈에 대한 궁금증과 목마름으로 갈 것이다. 나는 현재를 열심히 그리고 부단히 노력해서 가겠다. 무엇보다 꿈을 위해서는 그만큼 고통이 따르는 것을 나는 살면서 잘 알았다. 조금은 이기적으로 변한다. 자. 많이 이기적인 거 말고 조금은 이기적인 자신의 꿈을 위해서 노력하자. 만약에 못 가면 못 가는 대로 계획을 수정하며 공부하면 된다. 계획은 계속 수정되기도 한다. 내가 할 수 있는 '힐링예술'에 대한 목표가 흔들리지 않는다면 당연히 이룰 수 있다. 나는 나를 보여주고 싶다. "당신의 감정은 어디에 있습니까?" 묻고 싶다. 그 감정을 살펴보고 들어보고 현재 올바르게 서도록 노력하자고 발언하고 싶다.

05

지금부터
자기결정권을 가져라

"예술이 지배하는 삶."
- - - - - - - - - - - - - - - - - -

내가 서는 이 시간. 나는 비로소 나를 지배하네

철저하게 혼자만의 시간을 갖게 되면 '자기결정권'이 생기게 된다. 이
때 우리는 가슴에 손을 얹고 내면에서 울리는 자기 자신이 원하는 것을
스스로 챙겨야 한다. 그로 인해 자신의 인생을 우리는 스스로 개척하게
된다. 자, 지금부터 자기결정권을 가져라. 놀라운 일이 펼쳐지고 세상이
당신을 찾는다. 일단 삶의 향기(방향)부터 달라진다. 자신을 믿어라. 그
동안 과거의 찌든 때는 박박 밀고 생각해보아라. 그 일들은 어쩔 수 없는

일이었고 이제는 새 삶을 살겠다고 결단을 내보자. 용서하고 인정하고 사과하자. 배우 메릴 스트립은 이렇게 말했다. "사람은 생각한 대로 산다." 솔직히 "무너지지 말라." 말하고 싶다. 나는 어떤 역경이 있어도 '힐링예술'을 하는 사람이다. 다시 삶을 찾은 것처럼, 여러분도 자신이 좋아하고 잘하는 일을 찾고 하길 진심으로 바란다.

내 곁에 단 한 사람이라도 힘이 된다면 당신은 온 세상을 다 가진 것처럼 힘낼 수 있다. 〈한책협〉이라는 식구들과 남편이 그 누구보다 스스로 조현병을 고치도록 나를 많이 도와주었다. 책『나는 내 아이가 가장 어렵다』에서는 "무조건 칭찬을 많이 한다고 해서 좋은 것이 아니다."라고 말한다. 진실된 칭찬이 아니라면 그 아이는 이미 알고 있고 더 자존감만 무너뜨리는 것이라고 한다.

그렇게 자녀를 계속 수시로 압박하면 할수록 아이는 아무것도 깔려 있지 않는 밑바닥에 바로 들어간다. 나는 툭하면 무너지고 툭하면 쓰러지고 툭하면 정신을 잃었다. 여러분은 제발 그렇게 살지 말라. 부디 자기 결정권을 갖고 독립적으로 자신의 일에 몰두하여 자신의 일에 책임을 지자!

창조란 천사의 눈물이다

누구든 이해할 수 있는 아량을 갖자. 화 한 번 못 내고 참고 참았던 나의 아픔들. 나는 바보였다. 이제는 화를 낼 줄 안다. 나도 화를 낼 수가 있다고 의사 표현을 한다.

걷는다. 말한다. 이야기한다. 인사한다. 나는 나의 길을 다시 걷는다. 나는 이것이 계속되기를 계속해서 반복한다. 이런 마음가짐의 초점이 중요하다. 멈추지 말고, 반복……. 나는 나의 '힐링예술'을 위하여 공부한다. 또 그 미지의 무언가를 위해 평생을 몸과 영을 바쳐 노력한다. 시대는 자꾸 시시각각 초 단위 이상으로 자꾸 바뀐다. 그러기에 끊임없이 공부하고 끊임없이 자기 스스로 결정하고 헤쳐나가야 한다. 우리는 헤쳐나갈 수 있다. 반드시 할 수 있다. 나의 첫째 아이가 유치원에 다녀오고 나서 "할 수 있어요."라고 장난감 자동차를 밀면서 말한다. 그렇다. 우리의 자녀도 6살이지만 이렇게 나에게 힘을 준다. 우리는 우리가 진정으로 행복해지기 위해서 진심으로 힘을 내서 노력해야 한다. 쭉쭉 밀고 나가는 힘이 엄청나야 결과가 성립한다. 노력하고 나아가자. 나는 노래를 부르고 싶다. '언제부터 나 당신을 사랑했는지 모르겠지만.'이라고…….

남편이 어제 내가 "대단하다"고 말해줬다. '뭐가?'라고 묻고 싶었지만 말은 하지 않았다. 나는 내 말을 잘하지 못한다. 그래도 좋다. 조금씩 사회에 시동을 거는 법을 배우고 있고 나아가고 있고 시동을 걸고 있다. 나는 〈세바시〉에 출연하고 싶다. 그동안에 내가 저질렀던 일들이 '제가 아파서 그랬어요. 제 습관이에요.'라고 말하고 싶다. 나는 마음으로 동작을 보여주면서 시작하고 내 소개를 하고 노래도 불러가며 나를 표현한다. 〈한책협〉을 일단 알리고 싶고 고맙다고 말하면서 내 창조력으로 다른 사람들에게 하나의 빛이 되고 싶다. 나는 책을 쓰면서 본연의 나를 알았다. 지능지수와 사회성지수는 잘 모른다. 그냥 지나치게 몰두하고 미쳐서 한 시대를 살았던 인간이라 말하고 싶다. 우리 엄마는 기초생활수급자이시다. 엄마는 지금 너무 힘드시다. 나와 내 동생이 스스로 독립해서 돈을 못 버는 고기 잡는 법을 가르치는 일을 모르신다. 엄마는 그저 자기 자신으로 살지 않고 누구의 엄마로서만 사신다.자존감은 하나도 없이 가면을 쓰신다. 나는 엄마가 많이 아프니까 제발 자신을 사랑하라고 말하고 싶다.

06

**가끔은 상대의 기대를
외면해도 된다**

"살랑이는 꽃처럼 한 번쯤 피다 살다 떠나고 싶다."

외로워도 그것이 행복하다면 그렇게 살래

나는 상대의 기대를 외면하면 '천하에 죽어야 하는 년, 나쁜 사람'이라
고 생각했다. '지옥에 굴러 떨어져야 하는 아주 나쁜 년!' 왜냐하면 나는
엄격한 집안에서 태어났기 때문이다. 윤리적인 '도'를 엄청나게 중요시하
는 집안이어서 나는 늘 아무런 말을 하지 못했다. 정말 힘들 때는 복잡한
내 머릿속이 소용돌이쳤다.

꿈이랑 목표! 딱 하나만 들고 살았다. 세상을 너무 몰랐다. 좁은 내 꿈

속에서만 그 속에서만 살았다. 나는 가족의 기대도 친구의 기대도 내 주변 사람의 기대도 너무 외면하고 살았다. 그래서 내가 이 자리까지 오게 된 것 같다. 여러분은 그러지 마라. 가까운 사람. 특히 가장 가까운 사람에게는 정말 잘해야 한다.

당신도 가끔은 모든 사람에게 너무 세세하게 신경 쓰지 말자. 자신이 원하는 삶을 살기 위해 우선순위에 두어야 할 사람에게 집중을 둔다. 제일 소중한 사람에게 기대도록 하고 다른 인간관계에 거리를 두고 조절하며 신경을 쓰지 말자. 그렇다고 내 과거처럼 극과 극이 되라는 말이 아니다. '가끔은 그렇게 해도 괜찮다'라는 것이다. 대수롭지 않게. 너무 외롭고 힘들면 잠시 쉬기도 하고 즐기면 된다. 특히 자신을 지켜주고 자신의 곁을 지켜주는 사람에게 기대도록 하자. 나는 그래서 최근에 나를 신경을 써 준 〈한책협〉과 〈미다스북스〉에 기댄다. 내 사람들이라는 생각이 든다.

나는 5년 동안 육아의 심해에 푹 빠져 있었다. 아이도 셋 낳았고 오늘이 몇 월 며칠인지 모르게 정신없이 살았다. 내가 누구인지를 어떻게 살아야 하는지를 알면서 모르는 체 하면서 나를 잊고 살아갔다. 일단 '아이를 셋 낳고 연기하면 잘되지 않을까?'라는 단 한 가지 생각과 계획만 가지고 살았다. 나는 참 단순했다. 솔직히 나는 지금 너무 힘들다. 하지만 나는 행복해질 수 있다는 희망의 끝을 잡으며 생각한다.

"괜찮아. 괜찮다고. 책을 쓰고 작가가 되면서 나는 내 일을 더 진취적으로 잘할 수 있을 거야."

주문을 건다. 나는 너무 남의 기대에 부합하려고 살아왔다. 딸로, 부인으로, 엄마로, 며느리로도 좋고 착한 사람이 되려고 무진장 노력을 하다 보니 인생을 너무 피곤하게 살았다. 이제는 적절히 감정 조절을 한다. 그럴 필요 없다고 그럴수록 나만 힘들어진다는 사실에 나는 나를 사랑하기로 결심했다.

자신의 마음을 다독이고 우리는 꼭 붙잡아야 한다. 혹시 당신도 그러지 않는지를 꼭 체크해보아라. 의외로 자신을 점검하면 놀라운 경험을 할 수 있게 된다. 자기 자신을 혹시 너무 모르는 것은 아닌지 그대로 멈추고 끝까지 찾도록 노력해야 한다. 상대는 나를 얼마나 생각할까? 이 마음이 큰 당신이라면 지금 당장 자신을 돌아보아라. 의외로 쉽다. 자꾸 자신을 상대에게 맞추려는 당신의 모습을 그리고 있는 것은 아닌지를 보게 된다. 가끔은 자신을 위해 취미 생활도 하고 신나게 여행도 가고 자신을 챙겨야 한다. 가자. 자신의 삶을 개척하는 길로 떠나자. 물거품처럼 계획했던 꿈이 사라지기 전에 말이다.

나는 물속에 헤엄쳐 살아야 하는 인간이라는 것을 왜 몰랐을까?

나는 이제 상대방만 보지 않는다. 나를 보고 상대방도 보고 함께 간다. 그런 삶이 진짜 삶이라는 것을 알았기 때문이다. 나는 부족하다. 우리 모두 부족하다. 그러니 함께하면 더 큰 파도가 일렁이고 땅을 적실 수 있다. 그래서 나는 가끔은 큰 목표를 위해 사소한 것들을 외면하고 싶다.

나에게는 하나뿐인 남동생이 있다. 동생도 이 병을 앓고 있는데 증상은 어처구니가 없을 정도로 경도 증상이다. 엄마가 세수를 시켜줘야 했고, 화장실도 같이 가자고 하는 아이가 되어버렸다. 바로 내 첫째 아들인 5살보다 어린 3살 정도의 수준으로 말이다. 나는 울며 엄마를 원망하면서 소리 질렀다. "병원에서 왜 뺐냐고!" 우리 엄마는 내일 내 동생을 또 병원에서 뺀다고 한다. 넣었다. 뺐다. 넣었다. 뺐다. 아무리 설명해도 도통 말을 들으시지 않는다. 아들을 분신처럼 생각하는 것이다. 참으로 슬프다. 나는 이제부터 엄마의 기대를 가끔은 저버리기로 다짐한다. 진정으로 동생을 위하는 길은 외면하는 것이니까 나는 동생을 퇴원시키면 엄마를 솔직히 안 보고 싶다. 엄마는 아직도 자신이 아픈지를 모른다. 이 책을 통해 많은 깨달음이 있으시길 간곡히 바란다.

『떠나라 그래야 보인다』라는 책에서는 '절제함'을 이야기한다. 나는 절제함을 몰랐다. 멈추면 큰일이 나는 줄 알았다. 바로 나는 '너무 부족하다.'는 자기 멸시를 가진 사람이었기 때문이다. 이것은 자신에 대한 잘못된 관념이 심어진 것이다. 우리는 이런 것들을 버려야 한다. 자신이 왜 그러는지 모른다면 그것은 자신의 삶이 아니라 유령이 아닐까? 우리는 '상대에게 너무 기댈 필요는 없다.'는 것을 깨달아야 한다. 자신만이 갈 수 있는 길을 자신 스스로가 만들어서 가야 한다. 자신의 길은 그 어떤 누구보다 자신이 잘 아니까 말이다. 나는 외친다. 내가 만든 이 길을 가다 보면 그 길 끝에 내가 흐뭇하게 바라보고 있다고 말이다.

나는 지금 상상을 한다. 책을 다 써서 뿌듯해하는 내 모습을 말이다. 말로만 듣던 '작가의 길을 걷는다.'라는 생각만 해도 벅차오른다. 그러기까지 많은 사람들의 기대를 한 몸에 받기도 하고 외면받기도 했지만 그래도 좋다. 내가 괜찮으니 말이다. 이런 만족감. 나는 온(on)이 되었다.

스위치가 켜졌다. 이렇게 커갈 것이다. 때론 쉬어가도 좋고 달려도 좋고 길은 나의 기대만큼 걸어도 된다는 말이다. 항상 부족함에 주눅 들지 않고 상대가 외면해도 당당하게 살겠다. 꽃피는 계절이 오면 웃고 해맑게 사랑스럽게 그렇게 꽃들처럼 살랑대며 한 계절을 살아내듯 내 삶도 그렇게 살고 싶다. 작가로 엣지 있게!

07

명심해라,
거절해도 괜찮다

"나를 우물안에 썩이지 말자."

꿈과 현실 앞에 주저앉지 말자

오늘은 마지막 날이다. 책 쓰기를 시작한 지 6개월째 되는 날. 크리스마스 때 행복하게 보내라고 책 쓰기 코치 김도사님이 말씀하셨다. 나도 노력하고 생각하고 책 쓰기를 완성하려고 해도 해도 여차저차 늦어졌다. 드디어 완성을 한다. 그렇다. 능력이 부족하면 이렇게 된다. 나는 이제 사소한 분노에 욱하지 않는다, 왜? 욱하면 할수록 자신만 손해이기 때문이다. '약속'이라는 것은 지키라고 있지만 어디 다 지켜지나? 사람은 로

봇이 아니다. 그러니 누군가가 나의 부탁을 거절했다면 크게 개의치 마라. 그것은 당신이 싫어서가 아니라 바쁠 수도 귀찮아서일수도 있으니까. 이유는 다양하고 다채롭다. 사람도 그렇다. 자, 명심해라. 거절해도 괜찮다. 자신의 마음을 그림 그리듯 그리고 감정을 잘 쓰담고 잘 다스리자.

나는 모든 것에 'YES' 하는 여자였다. 그래야 내가 살 수 있는 유일한 방법이라고 생각해왔다. 의심하고 '아닌 것 같은데……' 하면서도 버림을 받을까 봐 상처받기 싫어서 "Yes! Yes! Yes!"만 외쳤다. 그러는 사이에 내 몸과 마음의 영혼은 병들고, 나를 잃고 미쳐버렸다. 그래도 나는 계속 이어 갔다. 미쳐야 도달할 수 있는 경지가 있다고 나는 믿었다. '연기'는 일상이 아닌데 실제처럼 '생각'하려고 계속 노력했다. 그리고 행동했다. 나는 소통하지 않았다. 나만의 방식으로 연기를 연구하고 그렇게 삶을 무거운 바위를 진 자처럼 짊어지고 다녔다. '연기'를 위해서는 무엇이든 할 것만 같은 그런 상상의 늪과 삶을 살았다.

이건 2009년 2학기 학교 수업 때 이야기이다. 나는 무서웠다. 난 완벽주의자였다. 자신 없는 수업이 수두룩했다. 죽을 것 같았다. 나는 할 수 없어서 '저렇게까지 어떻게 해?' 그러다 정말 '내가 누구지?'라는 혼란감도 들었다. 끊임없이 나랑만 대화하고 살았다. 결국에는 사람들이 나를 비난했다.

'정신 차리라고!'

나는 결국 휴학했다. 나는 내가 이상하다고 느껴 정신병원에 1회 상담을 받았다. 그리고 입원하고 싶다고 했다. 부모님의 반대로 입원하지는 않았지만 한동안 다시는 일어설 수가 없었다. 나는 한동안 필름이 끊긴 것처럼 기억이 없었다. 몇 개월의 기억이 싹둑 잘라진 것이다. 몽땅!! 아무리 생각해도 모르겠다. 아무리 생각해도 기억이 나지 않는다

나에게는 아무것도 없었다. 나는 거절하는 법을 전혀 몰랐다. '거절'이라는 것이 세상에 있는지도 몰랐다. 나는 늘상 엄마 품에서만 산 캥거루족이었다. 몸만 밖으로 다녔지. 엄마 손바닥 안이었다. 엄마는 시시때때로 내게 전화를 하셨다. 때론 고래고래 소리를 지르셨다. 정말 죽을 만큼 힘들었고 아빠가 생각났다. 엄마는 종종 아빠 사무실에 전화를 걸어 소리를 지른 모양이었다. 아빠는 결국에는 절대 사무실 오지 말라고 했다.

그리고 엄마는 아빠의 주변 사람들에게 '또라이'로 불리게 되었다. 친한 거래처 사람들은 엄마를 모조리 싫어하였다. 아빠도 나도 내 동생도 엄마가 아픈지를 몰랐다. 아니 무지했다. 나는 엄마의 성격적인 문제라고 대수롭지 않게 생각했었다. 동생이 암흑으로 들어가기 전까지는 말이다. 그냥 이건 성격적인 문제인 것이고 다른 것임을 믿고 또 믿고 현실을 믿지 않으려 했다. 나는 엄마를 믿고 또 믿었다.

모든 걸 주고도 더 없으매, 자신을 잃으셨던 나의 어머니

이전에 나는 여유가 없었다. 주어진 것에 감사할 줄도 몰랐다. 그저 최고의 자리. 내가 원하는 환영의 꿈인 화려한 '배우'의 꿈만 꾼 것이다. 물론 나는 바닥부터 기기 위해 아동극도 했었다. 가는 시간만 2시간 걸리는 곳을 출퇴근을 하면서 말이다. 나는 그 당시 입시 준비 중이었는데……. 산만하게 무대에 빨리 서고 싶다는 마음에 그랬다. 나는 정말 행복했었다. 아이들이 나를 따라 했고 대답도 잘해주었고 나는 더이상은 가질 게 없다고 그저 그런 '배우'가 되어도 나는 좋고 무대에서 죽겠다고 말이다.

나는 지금 약속한 일이 있는데 거절을 할 수밖에 없는 상황이라서 거절을 했다. 왜냐하면 내가 책을 쓰는 것이 더 우선순위이기 때문이다. 그렇다. 삶의 가치와 척도가 다르듯, 자신이 중요하게 생각하는 것이 각자가 모두 다 다르다. 그러니 그런 일들 때문에 거절할 수 있듯이 거절당함에 상처를 받지 말자. 자신도 거절해야 하는 상황이 있다. 거절하면 되는 것이다. '그냥 그런 것이다.'라고 생각하는 것이다. 단순하게 가는 것이 때론 지름길이 될 수 있음을 나는 알았다. 나는 그래서 한다. 내가 하고자 하는 뜻대로!! 간다. 또한 나를 힘들게 하는 부탁은 거절을 바로 할 수 있는 내가 되었다. 명심해라. 거절해도 괜찮다.

당신은 캥거루족인가? 부모의 뜻을 따라야 한다고? 그리고 솔직히 직접적으로 나를 직시하자면 나의 큰 욕망 때문이 아닐까? 조금 더 큰 목표를 잡아갔고 무너지고 갈기갈기 내 마음은 처절할 정도로 찢겨졌었다. 나는 나의 영혼이 사막의 땅에 쩍쩍 메말라가는 것처럼 물 한 모금 없이 죽어가고 있었던 것이다. 자, 명심해라. 거절해도 괜찮다. 지금 당장 너무 힘든가? 그렇다면 내려놓아라. 낡은 과거를 버려라. 누가 뭐라 하지 않는다. 당신의 '쉼'은 그저 한 걸음 아니 두 걸음 세 걸음 더 도약할 수 있는 발판이다. 답답하면 찾아와라. 어떤 방법이든 나는 소통하겠다. 완벽할 수는 없지만 최선을 다해 도와드리겠다.

나는 이제 거절을 쿨하게 할 수가 있다. 제대로! 나의 삶의 '거절'이란, 나의 꿈과 가족과 친구와 동료들을 챙길 수 있도록 노력하는 내가 바로 자신이 비로소 되는 것이다. 나 자신을 스스로 챙길 줄 알아야 진정하게 건강해진다. 또 다른 사람을 도울 수 있다는 것을 몸소 알았다. 나는 그동안 어울리지도 않은 '배우'를 하면서 공연계와 영화계에 큰 피해만 줬다. 좀 지나친 피해망상일수도 있겠지만 어쩔 수 없다. 지극히 사실이니까 나는 이 사실을 아주 잘 받아들이고 있다. 나는 인정한다. 그리고 고쳐나간다. 나는 건강하고 맑고 아름답고 순수한 진짜 최민정을 찾았다. 내 삶. 새로운 삶! 개척하는 삶! 늘 그렇게 바랐는데 진짜 이루어졌다. 감사하다. 내 몸에 감사가 덕지덕지 붙어 있다. 떼려고 해도 뗄 수 없는 이 행복감에 오늘도 스르륵 꽃잎 떨어지듯 잠을 잘 잘 예정이다.

언제나 자신을
우선으로 생각하라

"내 스타일대로 내 느낌과 내 직관대로 이어가자."

이끌림은 내가 듣는 소리의 울림이다

책 『교과서로 연극하자』가 있다. 나는 이 책을 바탕으로 아이들에게 가르쳐 주고 싶은 클래스가 생각이 났다. 무궁무진한 내 아이디어로 아이들을 즐겁게 해주고 싶다. 나는 사람들과 소통을 잘은 못하지만 이렇게 함으로 나는 나를 극복하리라 믿는다. 나는 지금 내가 할 수 있는 일. 그리고 내가 즐기는 일을 찾아서 끊임없이 반복하고 보여주겠다. 이로 인해 자극을 받는 누군가가 있었으면 하는 간절한 마음이 있다. 나는 이제 그림자처럼 뒤에 숨지 않는다. 여러분도 언제나 나 자신을 꼭 우선으로 생각해라. 어떤 상황에 어떤 일에 있어서 자신에게 맞는 꿈 앞에 절대 물러섬이 없음을 느낄 수 있다.

나는 지금 그리고 지난 36년간. '내가 무엇을 하고 살아야지? 배우가 맞긴 맞아. 나는 그것만 바라고 살아왔는데.'라고 끊임없이 묻고 힘들어했다. 그리고 누구의 아내, 누구의 딸, 누구의 엄마로 삶을 영위하고 살아왔다. '내 이름이 누구지? 나는 그저 살아 있기는 하는 걸까? 우주의 보이지 않는 별 같은 존재일까? 대사 한마디에 나오는 마침표 같은 존재일까?' 라며 긴긴 하루하루를 내 삶에 한탄만 하고 살았었다. 한마디로 나를 모르고 산 것! 이 얼마나 어리석은 인간인가? 철학적으로 인간은 무엇을 위해 살아야 하는지도 모르고 그저 눈에 보이는 자식들, 남편 뒷바라지, 시댁 식구들, 친정 식구들만 생각한 것!! 우리는 이래서는 아니 된다. 삶이 우르르 펑 무너진다. 삶을 바라보는 시각 자체가 삶을 위한 삶이 아니라 죽지 못해 사는 삶이 되는 것이다. 우리는 이러지 말자. 제발 언제나 나 자신을 우선으로 생각하며 살도록 하자.

책 『수첩이 인생을 바꾼다』에서는 말했다. 굳은 결심을 하라고, 그 간절함은 행동으로 이어지기 마련이라고. 그러면서 자꾸 휘둘리는 것은 평생 갈 수 없는 진정한 가치가 들어가 있지 않아서라고 이야기했다.

나는 지금 나를 위해 산다. 내가 살아야 누군가를 도와줄 수 있다는 것을 알았기에 손이 안 보일 정도로 책을 쓰려고 노력한다. 그러나 쉽지만은 않다. 쉬울 거라고 생각했던 내 잘못이다. 나는 이제 그게 인생이란 걸 안다. 하지만 살려면 작가가 된 만큼 읽고 써야 한다. 그리고 출판을 어떻게 해서라도 해야 한다. 나는 작가가 되어 돈을 벌고 싶다고 말했다. 그랬더니 남편이 나에게 말한다.

"어디에 홀리지 마라."
"그래. 나는 잘 흔들려. 나 많이 아파. 알면서 왜 나 만났어?"
"나는 당신한테 너무 미안하고 당신을 사랑하니깐 당신을 선택했어."

나는 내가 챙겨야 한다. 내가 아프지 않아야 가족을 챙길 수 있고 진정하게 다른 사람을 사랑하는 법을 터득한다. 그리고 그 사랑을 전하는 사람이 되고 싶다. 영원히.

언제나 나 자신을 우선으로 생각해라. 나는 내 이름을 걸고 내 일을 한다. 나 스스로가 보듬고 돌보며 나를 지키고 있다. 누군가에게 의존적으로 기대지 않기로 수많은 노력을 하기로 다짐한다. 언제나 늘 지금처럼 내가 원하는 선택을 하는 삶을 살려고 한다. 왜? 그러지 않으면 그 인생은 나의 것이 아니기 때문이다. 나의 것! 우리는 이것이 필요하다. 그럼으로써 이제는 흔들리지 않고 자신의 길을 잘 걸어갈 수 있기 때문이다. 인생의 척도를 나의 책에 수록된 여러 문장의 명언처럼 내 마음에 내 눈물의 바가지로 아로새긴다. 그로 인해 내가 행복해지고 앞으로 나아갈 수 있는 내가 되니까. 우리는 스스로가 누구인지를 정확히 직시하고 알고 선택하자. 자신 스스로 주변의 변두리 사람으로 만들지 말자. 자신이 주인공이어야 한다. 언제나 나 자신을 우선으로 생각해라.

남을 보는 것보다 먼저 나를 보아야 한다

나 자신을 위한다는 것이 무엇일까? 나는 내가 하고 싶은 것만 하는 이기적인 사람이었는데 그게 아니었던 것일까? 그렇다. 첫 번째 우선은 '나'로써 진정으로 살아야 했다는 것이다. 나는 무진장 노력하고 시도하려고 발버둥을 쳤다. 내가 할 수 있는 일이 무엇이고 내가 하고 싶은 일은 도대체 무엇이냐고! 죽고 싶은 나날. 나는 그냥 귀신처럼 말 그대로 내 육체만 떠돌고 영혼이 끌려가는 삶을 살았다. 영혼이 함께 가야 하는데 나는 왜 나를 보지 못했을까? 그것은 나를 사랑할 줄 모르고 거울을 보지 못하는, 자신의 생각에만 꽉 막혀 갇혀 사는 어둠 속을 걷는 사자 같았다.

나는 책 쓰기 코치님 김도사님이 주신 명언들을 아직 잘 이해를 못한다. 정말 중요한 문제인 것을 알면서도 말이다. 나는 많이 노력해야 한다. 엄청난 노력을 하지 않으면 안 된다. 나는 이룰 수 있는 꿈이 있다. 그래서 나는 이루어나간다. 나의 능력 이상의 것을 즐기면서 나는 나를 우선시하면서 원하는 것을 계속 만들어나가겠다. 나는 나를 믿는다. 나자신을 위했을 때 더 많은 사람들이 나를 도울 수 있다는 것을 알게 되었다. 나는 노력한다. 행복의 노력! 나는 글 쓰는 게 취미였고 사진 찍는 게 너무나 좋은 작가 최민정이었다. 나를 보여주겠다. 인간 이하 취급을 받았던 그 생활들을 청산하고 새 삶을 내 것으로 쟁취하는 사람으로 말이다. 우리는 할 수 있다. 정상인이 아닌 나도 했으니까.

09

굳이 모든 사람과
친하게 지낼 필요 없다

"나는 성냥팔이처럼, 심지에 불을 붙이고 키우고 꺼져가는 과정을 겪었다."

언젠간 가루처럼 사라질 몸뚱이, 잘 쓰다가 가자

나는 얼마 전에 나를 피하고 카페 댓글을 다 지운 연기하던 모임 카페의 글들을 다 지웠다. 공지사항처럼 글을 올렸다. 굳이 모든 사람과 친하게 지낼 필요는 없다는 생각으로 마음의 정리를 굳게 하고 글을 썼다. 나는 대인관계를 몰랐다. 그저 정에 약하고 사람이 좋았다. 틈틈이 글을 적고 방문했었다. 나는 진정하고 건강한 인간관계를 몰랐다. 이제는 조금은 알 것 같다. 굳이 그렇게까지 생각하면 할수록 나만 피곤하다는 사실을 말이다. 나는 글을 쓰며 작가가 되었다. 다른 인생을 살아가면서 즐겁게 살아가겠다. 사람들과 함께 어울리는 법을 아직도 잘은 모르고 더디지만 노력한다. 이 또한 과정이고 나의 삶의 길이다. 나로 산다. 나는 '경계선 장애자'이지만 작가가 되었다.

책 『아무도 모르는 누군가의 몰타』에서는 볼리비아 출신 친구가 '김치'를 어처구니없는 정체 모를 음식이라고 생각한다. 냉장고에서 발견한 '김치'를 쓰레기 취급하고 갖다 버려서 싸우는 장면이 나온다. 볼리비아 그 친구는 몰라서 버린 것이다. 하지만 받아들일 수 없는 경우도 있다.

모든 것을 다 받아들이기는 어렵다. 사람들도 그렇다. 그런데 나는 다 받아들이려고 노력했다. 나도 인간이니 참을 만큼만 참는다. 나를 파괴할 만큼 힘들게 하는 관계만 아니면 말이다. 당신도 어떤 사람과의 관계가 당신을 더없이 힘들게 한다면 그 관계는 거기에서 분명히 끝내야 한다. 이별이라고 해서 다 나쁜 게 아니다. 이별이 때론 내려놓음을 배울 수 있고 자신의 삶의 의미를 더 분명히 찾을 수 있는 독립성과 개별성을 알게 되는 계기가 될 수도 있다.

사람들은 그렇게 한다. 만남이 있으면 헤어짐이 있고 헤어짐이 있으면 만남이 있는 것이라고 말이다. 우리 너무 부여잡고 너무 놓치지 않는 인간관계를 하지 말자. 선택은 당신이 행복한 관계를 하는 것이다. 굳이 모든 사람과 친하게 지낼 필요는 없다. 즐기는 인생을 살자. 죽으면 부서지고 재만 남는다. 굳이 한 번뿐인 인생을 아무렇게나 쓰레기처럼 자신의 인생을 버려두지 말자. 그러는 순간. 진짜 쓰레기가 된다. 사람들과 잘 지내는 것은 맞다. 그러나 나 자신을 지킬 수 있는 만큼만 하자. 그렇다. 나는 그랬다. '굳이 그렇게까지 해야 했나?' 싶은 일들을 많이 했다. 상대방은 그렇게 생각을 안 했다. 나는 혼자 상상의 나래를 펼친 경우가 많았다. 자, 자신의 감정을 외부에 조종당하지 말자. 마음을 굳게 먹고 자기가 하고자 하는 일에만 쭉쭉 전진하면 된다.

내 안에 굳은 마음을 가진 '신'이 있다고 생각하자. 사람과의 관계가 의외로 쉬워진다. 책『초인들의 삶과 가르침을 찾아서』에서는 그리 말했다. 그렇게 걸음을 걷다 보면 정말 그러다 보면 쓰레기 같은 감정들이 쑥쑥 씻겨 내려간다. 새로운 마음가짐이 들어와 마음의 평화가 찾아오고 마음을 조종한다. 즉, 나와의 싸움이(전쟁) 끝나는 것이다. 자기 자신은 어떤 누군가가 아니라 자신이 지키고 살아가야 한다. 이때 '감정'이 힘껏 자신을 다 잡는다. 우리는 지나친 과거에 연연하지 말아야 한다. 지나가버린 과거와 싸우지 말고 현재에 충실하면서 앞으로 나아가야 한다. 이때 우리는 사람들과의 관계에 있어서 정말 필요한 사람과 덜 필요한 사람으로 나누어야 한다. 극단적이고 이분법적인 게 아니라 자신의 마음이 '거리두기'로 상처를 받지 않기 위한 긴급대책이다. 자신은 알 것이다. 이 사람이 내 사람인지 아닌지를 말이다.

나는 솔직히 관리와 관찰이 필요한 인간이다. 성인으로 성숙해야 하는 정신적 활동을 아직도 갖추지 못했다. 더디지만 나는 노력한다. 나를 도와주는 분들이 있으니깐 내가 일어나야 도와드릴 수 있고 나의 일도 더 잘해 나갈 수 있기 때문이다. 세상과 더불어 살아야 한다. 우리는 자신과 함께할 사람이 누구인지를 분명히 알아야 한다. 굳이 모든 사람과 친해지지 않도록 노력해야 할 것이다. 그래야 자신의 마음과 감정을 지킬 수 있고 뻔뻔한 내가 되는 것이다. 하자. GET UP! 단단해진 꽃잎이라도 보며 가슴을 보고 맹세하자. 할 수 있다. 내가 그 마음을 고친 것처럼 당신도 고칠 수 있다. '감정'은 이렇게 자유롭게 보고 싶은 것을 보고 느끼고 싶은 것을 느끼는 것이다. 그것이 진짜 행복이다!

시집 『하늘을 고치는 할아버지』에는 '투덜이'라는 시가 나온다. 자신의 아픔만 보고 자신을 감싸주는 큰 어른을 못 보는 어린아이 같은 투덜이. 자신의 옆에서 고통을 받는 가족을 못 보는 사람을 지칭했다.

나는 모든 사람과 친해지고 싶었으나 가까운 가족에게 가장 어렵고 친하게 다가가지 못했다. 이 부분이 내가 정말 애통해하는 부분이다. 나의 인생에서의 거대한 슬픔의 큰 역사라는 생각이 든다. 자, 우리 가족을 보자. 의외로 우리는 가족의 소중함을 모른다. 제발 우리 가족에게 잘하자. 굳이 내 가족도 아닌 엄한 데에 가서 가족처럼 챙기지 말자. 정말 중요한 사람들에게 손을 내밀자.

나를 꽃피우기 위해 희생한 이들에게 시간과 기회를

지금도 나는 가족이 어렵다. 잘해주면 그게 당연한 줄 아는 가족들이 있다. 곁에 있으면 영원히 안 떠날 것이라는 믿음이 강한가 보다. 나는 알고 있다. 내 주변에 저 세상으로 간 사람이 너무나 많아 주체 못할 눈물이 있다. 언젠가는 이 사람도 내 곁을 떠날까? 언젠가는 죽겠지? 라는 극한 생각을 참으로 많이 했다. 세상일이란 게 꼭 그렇지만도 않다. 곁에 옆에 영원히 있어 줄 만한 사람도 있다. 몸은 떨어져도 마음으로 기억하는 사람도 있을 테고 마음은 떨어져도 몸이 옆에 있는 사람도 있다. 우리는 진짜 자신의 마음 단속을 잘해야 한다. 그래야 자신의 일을 잘할 수 있고 성공도 할 수 있다. 탄력 받은 나의 글쓰기는 이제 '정지'도 할 줄 안다. 굳이 모든 사람에게 마음을 주지 않고 감정 조절은 하니까 말이다.

지금 나는 내가 집중해야 할 사람에게 집중하는 법을 피부에 와닿게 알았다. 머리가 뒤숭숭하고 뒤통수를 여러 번 맞은 거 같다. 이제라도 알았으니 '다행이다.'라고 나를 다독인다. 남편도 말한다. 결국에 남는 사람은 '가족'이라는 것이다. "인생 최고의 행복은 사랑받고 있다는 확신이다."라는 빅토르 위고의 말처럼 말이다. 나는 행복하고 나를 인정해주는 남편과 〈한책협〉과 〈미다스북스〉가 있어서 좋다. 작가는 글을 쓸 때 행복한 것이니까. 내가 하는 지금의 직업이 너무나 좋다. 미칠 것 같다. 나작가가 되는 게 진짜 맞는지 아직도 믿겨지지 않는다. 어찌되었든 나는 책을 끝까지 잘 써야겠다. 사람들 마음을 움직일 수 있는 위대한 신이 내안에 들어왔다고 믿는다. 책 『초인들의 삶과 가르침을 찾아서』에서 말해줬다.

나는 건강한 이별을 몰랐다. 일이 끝났으면 그걸로 끝이다. 나는 인연을 더 이어가려 했다. 어떻게 붙잡고 싶고 나랑 연기할 사람이 있다면 나는 꼭 내 사람으로 만들고 싶었다. 꼭 그래야만 한다고 당연한 이치라고 생각했다. 참으로 어리석고 둔하고 지혜롭지 못한 바보였다. 조회수를 보니 그들은 댓글은 달지 않았지만 계속해서 내가 올린 글을 보고 있었다. 그냥 보기만 했다. 나는 예전에 같이 공연하고 앞으로도 연기를 같이 하고 싶은 사람들의 모임 카페의 글들을 싹 다 정리했다. 나만 공허하게 메아리치듯 글을 쓰고 댓글을 쓰고 하던 그 시간들이 헛수고고 내가 착각하던 호의적인 관계들이 물거품처럼 흘러나간다. 뽀글뽀글. 나는 이제 게시글과 댓글을 정리하면서 나만의 향기만 남기고 떠나려 한다. 탈퇴할 의지가 있으니 원하시면 그렇게 하라고 그 카페에 글도 남겼다.

나는 인연이라는 것을 다시 생각한다. 자꾸 인연에 연연할수록 나는 아팠다. 동료로서 정말 나는 좋아했지만 그 사람들은 나를 싫어할 수 있음을 알았다. 눈치 느린 곰 같은 나. 아니 알면서도 미련하게 정에 이끌려 했던 행동들을 이제는 정확히 안다. 굳이 모든 사람과 친하게 지낼 필요가 없다는 것을 알기로. "안녕. 나 '작가' 되었어요."라고 글도 남겼다. 나는 이제 정리를 잘한다. 앞으로 나아갈 줄 아는 미래를 볼 줄 알고 진취적으로 실행하는 최민정이가 되었다. 성공하고 싶은가? 나는 '나를 찾은 것'에 만족을 한다고 말하고 싶지만 솔직히 돈을 벌고 싶어 작가가 되었다. 워낙 어려운 분들을 위해 많은 돈이지만 사는 법을 가르쳐 준 〈한책협〉에 다시 한 번 감사 인사를 드린다.

5장

감정을
조절하면
저절로
행복해진다

01

혼자 잘해주고
상처 받지 마라

"귀머거리가 되었다고 벙어리까지 되지 말자."

상처란 무엇일까?

'상처.' 그것은 무엇인가? 마음속에 새기고 새겨 지워지지 않는 흔적일까? 나는 그랬다. '잘해주고 그것으로 끝이다.'라는 생각을 버리지 못했다. 다시 나와 함께 하길 바라는 마음이 컸다. 한마디로 사람과의 관계에 의존도가 너무 높은 유아적인 사람이었다. 보상심리가 강했다. 모든 일이 자신의 마음대로 되지 않는 일들이 넘쳐나도 그것을 내 것으로 만들려고 '죽어라' 노력했다. 나는 솔직히 '배우'라는 직업을 해서는 절대로 해서는 안 된다. 나는 뻔히 알면서 슬프고 '왜 나는 안 될까?'라는 이기적인 마음과 '나 같은 인간도 할 수 있다.'라는 것을 보여주고자 했다. 그동안 '악에 받혀서 한 것이 아닐까?'라는 생각을 해본다. 그리고 혼자 속앓이를 하고 곪고 아파했다. 자, 기대를 하지 말자. 기대하는 만큼 실망이 큰 편이니 제발 잊고 현재의 삶에 충실히 하자.

책 『내 마음을 부탁해』처럼 나는 참으로 북 치고 장구 치고 혼자 '복잡한 감정의 존재'로 살아왔다. 치열한 삶의 증거로 여기서 나는 이렇게 말하고 싶다. "자신의 삶을 뼛속 깊이 후회를 할 줄 알아야 후회스럽지 않은 삶을 살 수 있다." 나는 책을 쓰며 나를 고치는 중이다. 평생 고쳐야 하는 문제라면 늘 언제나 글을 쓸 것 같다. 평생 마음이 아프신 분들을 위해 공연, 영상, 문학, 미술, 다원예술을 하는 사람으로 남겠다. 누구든 오실 수 있는 쉼터로서 〈힐링치유예술공간센터〉에서 예술을 통해 치유되시길 바란다. 지금 이 순간 당신의 마음의 한 켠에 쉼과 여백의 자리를 매김하는 〈힐링치유예술공간센터〉로 나는 평생을 유지해나갈 것이다.

A기사에서는 이렇게 말했다. 지위를 이용하여 수행비서 앞에서 "난 어떤 여자와도 잘 수 있다."라는 말을 한 도지사가 있다. 그 말 뒤에 "나는

한 번도 이성적으로 느껴보지 못했다."고 대중에게 말했다. 상처받은 그 비서는 이어 동료들로부터 더 기가 막힐 정도로 '애정'이라고 생각하라는 말을 들었다. 즉, 동료들에게도 버림을 받은 것이다. 영혼이 약하면 많은 것들이 흔들리게 되어 있다. 결국에는 이 비서는 몸과 마음이 상처투성이가 되었다. 나도 이와 같이 늘 부족했기에 그리고 외로웠기에 혼자 잘해주고 상처를 받았다. 상처를 그대로 받고 혼자 고민했다. 아프고 달래고 다시 아프고 혼자 달래고 그것이 반복적이었다. 그러나 이제는 그러지 않는다. 계속 그러다 보면 영원히 아픈 영혼이 될 수 있으니까!

자, "혼자 잘해주고 상처받지 마라." 나는 'A축제'라는 곳에서 봉사 활동을 한 적이 있다. 공연을 바로 눈앞에서 볼 수 있다는 자체만으로도 나는 행복했다. 같이 촬영팀으로 봉사하던 30살 오빠는 나를 신기하게 봤다. 그때 내 나이가 21살 때였다. 나는 아동극을 거기에서 모조리 섭렵하고 계속 봤다. 보다가 행복해서 울 정도였다. 우리나라에서 최고로 잘 나가는 A학교에 다니던 오빠는 자신의 단편에 출연을 부탁했다. 나는 아직은 내 능력이 부족이라고 느껴 스태프로 돌아다니며 열과 성을 다해 도와드렸다. 이때가 혼자 잘해주고 상처받았던 경우다. 결국에 그 오빠는 내게 "결혼하자."라는 말을 했다. 내가 너무 순수해 보여서 그랬던 것이다. 난 어이가 없었지만 아무런 말을 못했다.

　책 『초등공부, 읽기쓰기가 전부다』에서는 "귀찮더라도 바른 언어 습관을 가지자."라고 말한다. 나는 그 말을 못해서 돌려 말하는 이상한 버릇 때문에 혼자 잘해주고 상처를 받았다. 솔직히 우리 엄마는 모든 허물과 힘듦을 자신의 탓으로 여기셨다. 또 왜곡하여 자신이 잘못한 것처럼 가져가셨다. 그게 아니라고 내가 잘못해서 그런 건데 엄마는 그것을 몰랐다. 나에게 가르치시지 못했다. 엄마는 나에게 이런 말을 가르치셨으면 좋았을 텐데 하고 지금에서야 생각이 든다. 올바른 주장과 자신의 속마음을 솔직히 또박또박 말을 하자. '자신의 언어에 책임을 질 수 있을 것이다.'라는 생각이 든다. 자, 솔직히 말하는 버릇을 가진다. 가공된 친절로 마음을 주지 말자. 그렇게 주다 보면 진짜 주게 되고 자신만 상처를 크게 받는다.

　나는 뮤지컬 〈사운드리스(Soundless)〉로 마지막 학기에 영광의 작품을 만났다. 부단히 애를 썼던 기억이 난다. 그때 당시 나를 특별히 아껴주시던 스승님, H교수님이 계신 덕분이었다. 나는 그분으로 인해 나의 장점과 단점 및 나를 알았다. 내가 어떤 사람인지, 교수님은 내게 차라리 무용을 적극 하라고 권하셨다. 나의 분노의 에너지를 열정의 에너지로 바꾸고 메꾸는 방법을 알게 된 것이다. 나는 화술연기보다는 몸으로 표현하는 것이 더 맞았다. 나에게 진심으로 조언을 해주셨다. 아니면 노래를 배울 수 있게 소개를 시켜준다고까지 하셨다. 그런데 나는 왜 그 제안을 수용하지 못하고 못 받아들였을까? '내 속에 내가 너무도 많아~.' 조성모의 〈가시나무〉 가사처럼 자꾸 모르겠고 말을 못했다. 자신의 휘둘리는 감정을 표현을 못하고 예민하게만 받아들이는 약한 영혼을 가진 소유자였다.

뮤지컬 〈그대와 영원히〉에 〈귀머거리〉라는 곡이 있다. 이 가사처럼 그저 멍하니 앉아 아무것도 하지 못하는 사람이었다. 나는 그렇게 말귀를 못 알아듣고 자신이 경계선 장애인인 줄도 모르고 지냈다. 그저 '배우'라는 직업에 전진하고 또 전진했다. 나는 이제 멈춘다. 그 잘못된 신념이 그동안 나를 아프게 했다는 사실을 알았으니 말이다. 나는 이제 말 잘하는 사람이 아니라 글로 잘 표현하는 작가가 되겠다. 또한 몸으로 글 쓰는 작가. 나는 내 모든 것을 걸고 사람들에게 선포한다. 누구든 작가가 될 수 있고 나처럼 경계선 장애를 가진 사회부적응자도 할 수 있음을 보여드리겠다. 힘들어하는 모든 분들에게 자신에게 맞는 일을 꼭 찾아드리겠다. 나는 사회에 나왔다. 사회성과 일상에서 필요한 교육을 제대로 받지 못해서 허우적대며 살았다. 이제는 그것을 해내는 것을 보여주겠다.

내 인생을 다 통틀어서 말하자면, 나는 화를 못 내고 그냥 아무 말도 표현도 못 했다. 그저 묵묵히 그렇게 앞서 말한 것처럼 A축제 행사의 촬영팀으로서 봉사 활동을 잘 끝마쳤다. "결혼하자."는 이 말은 그냥 흘러가는 말인데 나는 진심인줄 알고 착각을 한 것이다. 나는 스태프 일을 잘해주고 싶어서 해준 것이다. 그것이 엉뚱한 방향으로 내게 왔을 때 무지하게 화가 났지만 표현을 못하고 참았다. 그리고 상처를 받았다. 아니 몰랐다. 나는 화가 날 상황인데도 왜 못했느냐면 분노 조절을 하지 못하는 사람이었기 때문이다. 여러분은 이와 같은 상황이 있지 않은가? 당신은 어떻게 대처를 하였는가? 나처럼 아무 말도 못하고 끙끙 가슴앓이를 하지 않나? 우리 제발 그러지 말자. 정확히 자신의 말을 꼭! 꼭! 천천히라도 정확히 하자. 그러면 당신은 절대 아프지 않고 현재를 그리고 미래를 행복하게 살 수 있을 것이다.

무언가를 바라지 말자. 주면 끝인데 주면은 다 돌려받는 줄 알았다. 이제는 내려놓는다. 괜한 부질없는 짓 하지 말자. 일에서 만난 사람은 일로

써만 관계를 가지면 된다. 친목에서 가진 관계는 친목 관계를 가지면 되는 것이다. 단순명료하게 사는 것도 세상에 필요하다. 자신의 모든 것을 다 주려고 하지 말자. 나 자신을 지키는 내에서 주자. 자, 우리는 자신을 사랑해야 남도 사랑할 수 있다는 결론이 선다. 괜한 사람들을 다 챙기지 말자. 혼자 잘해주고 상처를 받을 수 있다. 내어주면 그것으로 끝! 나는 누군가에게 선의를 베풀 때 내어준다. 받을 생각 안 하는 '내면아이'를 치료한 '최민정'이가 되었다. 여러분도 이리 하면 무거웠던 과거들이 체증 내려가듯 내려갈 것이다. 힘내라. 다른 누구도 아닌 스스로가 자기 자신을 구할 수 있다는 사실을 명심하자.

나는 살랑거리는 봄바람을 타고 피어날 꽃을 시샘하는 '꽃샘추위' 같았다. 따뜻한 듯 차가운 듯 변덕이 심한 어린아이였다. 생각이 꼬일 대로 꼬인 솜 뭉텅이로 감겨져 있는 스프링 마냥 살았다. 날 어디론가 데려가도록 뛰쳐나가게 스스로가 그렇게 만들었다. 즉, 사람과의 관계가 어렵고 인내와 끈기가 없었다. 당신은 주변인이 아니다. 조연이랑 코러스를 맡았다고 해서 내 인생도 조연이고 코러스가 아니다. 나는 마음을 많이 다쳤다. 그렇다고 그 다친 마음을 계속 부여잡을 수도 없다. 우리는 비워야 한다. 다시 채우고, 비우고, 다시 채우고……. 그것이 온전한 내가 된다는 사실을 알아야 한다. 나누자. '사랑'의 이름을 꽁꽁 가슴에 묶어두지 말자. 나눌수록 나는 내 등에 날개를 단 듯 나는 느낌이 든다. 날고 싶다. 저 멀리 행복을 이야기하자. 나는 누가 시키지 않아도 사람들에게 잘하려고 노력했고 다 그냥 잘하고 싶었다. 세상을 다 가진 듯 그저 마냥 좋았다. 이제 적절히 한다. 혼자 잘해주고 상처받기 싫다.

02

감정은 표현하면서 반드시 해소하라

"내가 할 수 있는 표현을 다 해보자. 길이 열린다."

내가 할 수 있는 표현을 마음껏

나는 지금 새벽 시간을 내 것으로 만들고 있다. 나의 감정의 끌림이 이렇게 이끈다. 나만 보이고 나에게 집중하던 시간과 내가 할 수 있는 표현을 마음껏 해본다. 아이들의 교육을 위한 프린트물들을 보고 공부한다. 또 내가 필요한 공부를 계획하고 실천한다. 이 순간 얻어지는 지식의 향연은 짜릿하고 행복하다. 나는 늘 하던 것처럼 끊임없이 배우고 나의 일을 잘 해내기 위해 눈물겹게 노력한다. 인생에서 가장 관통하는 제일 중요한 것은 마음가짐이다. 바로 감정을 잘 풀고 해소하고 표현하는 대화로서 관계하는 아름다움이랄까? 자, 자신의 욕구를 솔직하게 표현하고 인정하라. 솔직할수록 자신의 길이 안개 걷히듯 길이 보이고 열린다. 지금의 "10월의 어느 멋진 날에" 제목처럼 당신에게도 켜켜한 여름 습한 냄새가 지나간다. 그리고 차디찬 가을 숨이 시원하고 따뜻하게 가슴에 옷이 입혀질 것이다.

책 『인생, 고쳐서 산다』에서는 행복한 일을 하면 좋은 기운이 찾아온다고 한다. '행복한 일'은 '자신의 몸이 이끄는 진정으로 하고 싶은 일'을 표현하면서 사는 것이다. 묵은 감정을 덜어내고 해소하자. 자기 자신을 지키고 앞으로 더듬더듬 자신만의 방식으로 힘차게 나아가자. 그러면 행복한 삶을 살 수 있게 된다. 나는 지금 설레고 '설레임' 아이스크림처럼 떨림을 갖고 있다.

드디어 〈힐링치유예술공간센터〉의 공간을 계약했기 때문이다. 시작은 더딜지라도 차근히 나의 의도와 방향을 믿고 나아간다면? 그 어떤 어려움이 닥쳐오더라도 잘 해결해 나아갈 수 있을 거라고 믿는다. 수평적인 구조와 합리적인 업무 시스템을 만들고 싶다. 같이 하는 분들과 오시는 분들 모두가 만족스러울 수 있는 그런 단체로 이끌어가려 한다. 자, 이렇게 책으로서 공식적으로 선언하자. 자신이 원하는 바를 정확히 알아내고 감정을 표현하며 해소하자.

"내 이름은 최민정."

나는 이제 내 이름을 쉽고 정확하게 당당히 말하고 다닌다. 참 쉽다. '좋으면 좋다, 싫으면 싫다' 있는 그대로 자연스럽게 말해본다. 우리의 자연처럼 말이다. 나는 자연 속에서 살면서 많은 것을 배웠다. 흘러간다. 흘러간다. 세상은 흘러가고 당신은 변화된다. 경이로움 속에 살고 있는 것이라고 알아차리게 된다. 아프지 마라. 아프지 마라. 아픔을 놓으면 그대로 진짜 흘러간다. 마침표 찍는 순간! 그 아픔은 순환되어 아름다운 꽃이 된다는 것을 말이다. 나는 자연이 너무 좋다. 정말 사랑한다. 그 느낌은 정말 황홀할 정도이다. 나는 전원주택에 살면서 밤나무에 밧줄로 만든 그네를 타고 혼자서 잘 놀았다. 둘째랑 셋째를 임신하면서 거기가 유일한 나의 쉼터였고 나의 아지트였다.

책 『마음의 속도를 늦추어라』에서 "마음을 조급해지지 않게 하라."라고 말한다. 감정에는 이렇듯 자연스러운 흐름의 속도가 있어 신중히 상황에 맞게 회복해야 한다고 한다. 정신을 집중하는 데에 너무 압박을 하는 우리를 돌아보고 그런지 아닌지를 다시 점검하자. 자신의 걸음의 크기대로 감정을 표현하면서 해소하자. 나는 책을 쓴다. 이 책이 출판이 될지 안 될지, 제대로 쓸 수나 있을지 의심이 계속 든다. 나는 자신에게 말한다. 자신이 한 약속을 지킨다. 나는 책을 쓰면서 감정을 해소한다. 나는 책을 쓴다. 외롭지만 고군분투하는 내 모습이 아름답다며 즐겁게 하자고 다짐한다. 내게는 인내심을 가지고 책 쓰기를 완료하겠다는 의지가 있다. 당신도 할 수 있다. 경계선 장애인도 한다. 감정을 분출할 때 적절히 분출하고 절제할 때는 철저하게 절제하면 된다.

당신은 어떻게 감정을 해소하는가? 나는 내가 돌연변이 같아서 여기저기 쏘다녔다. 이 말이 맞는지는 모르겠다. 내가 워낙 어휘력이 부족하다 보니 그냥 있는 그대로 적어본다. 나는 입이 있다. 나는 말을 할 수 있다. 하고 싶은 말은 내 입으로 내가 하면 되는 것이다. 오늘 아이들이 힘든데 계속 놀아달라고 아우성이었다. "엄마가 조금 힘들어. 미안해."라고 하다가 소리 지르는 아이들을 안아주다 잠들어버렸다. 그리곤 말끔히 일어나서 지금 책을 쓴다. 그렇다. 지치면 지친다고 말을 하면 되는 것이다. 지친 몸을 아프게 하지 말자. 감정을 표현하면서 해소하자. 의외로 쉽다.

우리는 늘 자유롭고 늘 행복하게 살고 싶다. 나는 자연이 있는 곳을 선택하고 이사를 갔다. 그 눈부셨던 그 기억들……. 나중에 돈을 많이 벌면 그런 쉼터를 크게 만들고 싶다. 만들 수 있을 거라고 나는 그곳에 세계 각국의 사람들이 모여들 거라고 말이다. 그리고 문화아이콘으로 상징되는 것을 만들 것이라고 확신한다. 불가능한 일은 믿고 가면 된다고 나는 믿는다. "이 소리는 공상!" 현실적이지 못하거나 실현될 가망이 없는 것을 막연히 그려보는 것이다. 나는 자연 속에서 이렇게 감정을 잘 표현하며 해소하는 법을 배웠다. 깊은 내면을 들여다보고 있는 나의 감정에 안락함을 주었다. "랄랄라~" 소리를 내며 질러내고 표현을 잘 할 수도 있었다. 마음껏 춤도 출 수도 있었다. 이건 나만의 감정을 해소하는 비법이다.

그것만으로도 나는 감사하다

나는 전원주택에 두 번 살아봤다. 첫 번째 전원주택에서는 '정말 이렇게 행복해도 될까?'라는 의문이 들 정도로 행복했다. 마음껏 노래 연습도 했고 마음껏 집에서 놀면서 내가 할 수 있는 것은 다 해보았기 때문이다. 나는 자연을 만났을 때 자신이 가지고 있는 감정표현을 자유롭게 할 수 있다는 것을 알았다. 일상을 벗어나 나 자신을 새롭게 점쳐보는 운명적이고도 의미가 있는 시간이기 때문이다. 자연과 접하다 보면 끝없이 자신에게 질문하게 된다.

그리고 당신은 자신을 지킬 수 있음을 알게 된다. 작가 최민정의 뻔뻔한 감정의 기술 중 최고의 비법이다. 힘들면 내게로 와도 좋다. 함께는 물론이고 동반해줄 수 있다. 같이 산을 걸으면서 같이 이야기하면서 말이다. 당신은 치유되고 있는 중이라고 스스로에게 주문을 걸며 살자.

당신은 행복해질 수 있고 앞으로도 행복할 것이다. 당신은 소중하다. 새로운 세계가 꽃내음을 듬뿍 마시며 나를 어디론가 데려가며 어떤 길이 열린다. "감사합니다. 여러분도 이렇게 하시면 되어요. 응원합니다." 이렇게 말하고 싶다. 나는 학교 때 만난 은인인 H교수님과 작업 이야기를 하는 것일까?! 작년에 같이 무대에 서자고, 교수님은 나를 '배우'로 캐스팅을 원하셨다. 내가 SNS로 갑자기 폭발적으로 표현을 하다 보니, 내 진심을 아셨나 보다. 나는 부족하다. 감사합니다. 저는 작가, 연출가를 하고 싶다고 말씀을 드렸다. "학교 때 실력 없는 저에게 일년 동안 A+ 주셔서 감사합니다."라고 잊지 않고 말했다.

믿음이 나를 여기까지 데리고 왔다

10년 만에 같이 무용 배웠던 동생들, 나의 지인과 함께했다. '꼭 보답해야지.'라고 마음으로 다짐했다. 예전에 교수님 논문 봤던 이야기와 책도 보고 연구하고 작품 만들고 싶다는 마음을 내비쳤다. 전화로 "전 아이 낳고 할머니가 되어서 연기하고 싶었어요."라고 내 감정을 정확히 담아 표현을 했다. 나는 내 모든 것을 다 내놓겠다. 나는 이런 심정으로 글을 쓴다. 나는 감정을 잘 표현하고 해소하여 나의 감정 조절 능력을 고쳤다. 내가 누군가 싶을 정도로 뻔뻔해졌다. 물론 현실은 아직도 어설프지만 노력한다. 곧 있으면 어설픔도 없어지리라 믿는다. 믿는 만큼 달라진다고 생각한다. 나는 그래서 여기까지 왔다. 분노의 글쓰기! 행복의 글쓰기! 나는 정처 없이 떠돌며 다니는 사람이 되지 않는다. 세상을 여행하듯 즐겁게 나의 사명 아래 희노애락을 표현하며 해소할 것이다. 아니 지금 하고 있다. 감사합니다, 한책협!

좋은 사람이 되려고
노력하지 마라

"눈물이 뭔데? 그냥 물이 눈에서 나오는 거?"

나는 늘 예술가였다

나는 어릴 적부터 늘 좋은 사람이 되어야 한다고 생각했다. 항상 내게 쏟아붓듯 세뇌시켜 살아왔다. 어릴 때 어머니께서는 "민정이는 정말 착하구나. 이다음에 커서 꼭 착한 사람이 되거라." 그리고 늘 신신당부하셨다. "학교에 가면 선생님 말씀을 꼭 명심하고 잘 듣고!"라고 말을 자주 언급하셨다. 나는 선생님이 잘못한 일에도 화가 나도 참고 또 참았다. 초등학교 3학년 때 일이다. 나는 담임 선생님한테 따귀를 맞은 적이 있었다.

아이들이 다 보는 앞에서였다. 선생님은 자신의 화풀이를 내게 하셨다. 줄지어서 숙제 검사를 맡았는데 나에게 벌컥 화를 내셨다. 내 글씨가 엉망이고 마음에 들지 않고 글씨체가 이쁘지 않다고 말이다. 나는 너무 억울하고 힘들어서 어머니께 말씀을 드렸다.

다이소 갔다가 산 1,000원 짜리 카드 거울이 있다. 나는 행복하다. 이 거울을 나에게 선물했다. 힘들 때 나 자신을 돌아보고 자연을 보듯 휴식을 취한다. 이 거울에는 'Nature is the art of god'이라는 글귀가 있다. 땀나게 뛰고 걸으면서 나는 책을 쓴 뒤 글귀를 본다. 책을 쓴다. 이제 거울을 들여다보니 나는 콧등에 기름이 좔좔 흐르고 있다. 나는 아직도 멀었나보다. 땀이 안 난다. 너무 급하게 가지 말자. 다 때가 있다고 나를 위로한다. 모두가 나를 도와주고 세상이 나를 도와준다. 내게 온다. 다 내 것이라고 생각이 들면 내 것이 된다. 내 돈 벌고 싶으면 벌고 싶다고 이야기하자. 나는 친정엄마, 남동생이 그리 가고 싶어 하던 일본 도쿄에 데리고 여행을 갈 것이다. 나는 할 수 있다. 동생이 바랐고 같이 여권을 만들었다. 나는 동생을 그리고 엄마를 지킨다. 차후에 모든 마음이 아픈 사람들을 돕고 '힐링예술'을 하며 죽음을 넘어서도 나보다 그 예술이 기억되도록 살겠다.

어머니는 반응하시지 않으셨다. 아빠는 선생님이 내 뺨을 때린 내 이야기를 듣고 당장 달려가서 뭐라고 하셨다. 엄마는 이해를 못 하셨다. 이제야 느낀 것은 엄마가 다른 사람의 아픔을 잘 모르셨다. 그저 자식을 위해 모든 것을 다 해주셨지만 모든 것을 바라시는 외골수인 사람이셨다. 엄마는 자기 자신의 아픔만 아는 사람이셨다. 나는 엄마의 생각이 참으로 잘못되었다고 알게 되었다. 자식은 자신만의 인생을 개척해야 하는데 그 인생을 찾아주시지 않으셨다. 아니 모르셨다. 오로지 자신의 꿈을 세계에서 가장 큰 나이아가라 폭포처럼 몽땅 자식들에게 퍼부으셨다. 그리고 얇은 셀로판지 같은 투명한 나와 동생에게 계속해서 투영시키셨다. 나는 늘 혼란감에 머리에 긴급한 재해가 일어나듯 아팠다. 마냥 성수대교가 무너진 것처럼 늘 지진이 나는 것처럼 호되게 아팠다. 나는 매 순간 고통에 목을 메달고 있었다. 그때 당시 ○○백화점이 무너졌고 우리 아빠 가게가 모조리 타 없어져 재만 남았을 때처럼 말이다.

나는 현실에 맞는 내 꿈을 찾아야 하는데 자꾸 높은 이상만 바라게 되었다. 내가 좋은 사람이고 특별하다고 대단한 사람이라고 착각하는 과대망상증을 갖고 있었다. 게다가 피해망상증이 더 크게 전염시켜 이에 극구 현실을 철저하게 부인했다. 바닷속 캄캄한 생물조차 존재하지 않는

심해 밑바닥에까지 내려갔다. 그리고 그 밑에 깔려 있는 잠재의식까지 흔들어버리는 조현병(정신분열증)으로 발전했다. '과대망상증은 생활에 아무런 이상이 없지 않을까?' 일반인이라면 생각할 수도 있겠지만 과대 망상증이 있는 사람은 돈을 함부로 쓰거나 일을 벌인다. 경제적, 법적으로 문제를 일으킬 수 있는 큰 병이기에 조심해야 한다.

나는 그랬다. 과대망상증에 망상장애, 관계망상까지 이어져 부정망상 까지 이르렀다. 나는 아무것도 할 수 없는 인간이었다. 또 아무 근거도 없이 주위의 모든 것이 자기와 관계가 있는 것처럼 생각했다. '뭐든 자기에게 어떠한 의미를 가진 것.'이라고 생각하는 '망상'말이다. 이제는 내가 왜 그랬는지 안다. 나는 지금 힘을 내고 또 힘을 낸다. 바쁘게 산다. 그것이 이 병을 고치는 지름길이라는 확신과 믿음이 있다. 나는 너무 애쓰지 않는다. 이제 사소한 이별에 대해 무덤덤해졌다. 그동안 내가 미워했던 사람들과 너무나 외로웠던 순간들과 한 발 떨어져 인사를 한다. 이제는 그냥 나로 살아가려 한다. 배려가 지나치면 오히려 내가 망가진다는 사실도 깨달았다. 지혜롭게 내 감정을 조절하며 사랑하겠다. 나는 나를 파괴하면서까지 좋은 사람이 되려고 노력하지 않는다. '내가 좋다고 느끼면 그만이다.'라는 단순하고 초월한 생각을 갖고 있다. 나는 나를 세상에 그림 그리듯 행동한다.

책 『커피 한잔의 명상으로 10억을 번 사람들』에서 말한다. 잠시만이라
도 자신이 원하는 모습을 상상한다. 나 자신에게 간절하게 바라는 희망
과 소망이 실현된 모습을 구체적으로 그린다. 그리고 진짜 잠재의식을
건드려 정말 그 자리에 갈 것이라고 노력한다. 이 책 속에서 한 인물은
정말 그렇게 원하던 독일로 갔다. 나도 나의 최종 목표를 향해 가고 싶어
그 마음 그대로 어제 항공권을 결제했다. 그리고 사람들의 기대를 다 저
버리더라도 내 꿈을 이루고 싶다고 외친다. 조만간 몸을 비행기에 싣고
나를 치유하며 세상 공부를 하고 있을까? 나는 행복한 상상을 한다. 다
시 한 번 꿈을 이루려면 역시나 모두에게 좋은 사람이 되기 어려우니 적
절히 조절해야 함을 느낀다. 그리고 지혜롭게 사랑하며 나아갈 것이다.

나는 내 길을 걷는다. 그 와중에 나에게 매달리시는 친할머니가 계시
다. 할머니는 우리 엄마를 괴롭히고 나를 괴롭히고 결국에 파멸로 이끈
아빠를 생각 나게 한다. 아니 그렇게 생각해온 엄마와 나였다. 나는 전화
를 받지 않는다. 그 원인이 나라는 것을 안다. 나를 힘들게 한다고 생각
하고 전화를 받으면 뭐라고 대답해야 할지 답답하다. 또 전화를 안 한다

고 욕을 먹을까 봐 듣기 싫어서이다. 나는 내 마음 속속들이 자세히 아는 법을 터득했다. "책 쓰기!" 가시가 내 눈을 보는 앞에서 찌를 것 같고 마음이 산산조각 나는 아픔을 이제는 갖지 않는다. 내 인생을 보다 진취적으로 통제하며 산다. 행복을 선택한다. 자신이 괴롭다면 때론 나중에 전화를 받아도 된다는 소리이다. 엄마를 지혜롭게 사랑하고 싶고 가르쳐드리고 싶다.

키보드가 투둑. 토톡! 이야기를 한다. 나는 PC방에 왔다. 사람마다 경쾌한 다른 키보드 건드리는 소리를 들으며 나는 세상의 소리를 즐겁게 듣는다. 때론 시끄러우면 참지 않고 나온다. 소리치는 아이들이 PC방에 우르르 몰려 오는 소리에 나는 다시 스타벅스로 향했다. 나는 내가 좋아하는 음악이 나오면 박자에 맞춰 키보드를 누른다. 나는 이제 모든 번뇌를 벗어 던지고 내 일에 초집중을 한다. 이제는 소스라쳐 놀라지도 않고 꺼이꺼이 길바닥에서 울지도 않는다. 대학로에서 수도꼭지보다 더 콸콸 물을 틀 듯 눈물인지 콧물인지도 모르게 계속 울었던 2005년 최민정은 잊었다. 이제는 나를 지키고 눈물도 웃음도 감정을 잘 조절하는 감정의 지배자가 되었다. 바로 내가 되었다. 나는 작가가 되어서 너무 행복하다.

나는 좋은 사람이 되려고 노력하지 않는다. 욕을 먹더라도 그저 나를 지키는 선에서 좋은 사람이 되려고 노력한다. 여러분도 좋은 사람이 되려고 무리하게 노력하지 말자! 사람들 관계는 다 내 마음 같지 않은데 왜 내 마음처럼 되었으면 좋겠다고 애를 쓰는가? 우리 노력하자. 자신을 다치지 않는 선에서 하자! 힘내라. 아무리 남이 '힘내'!라고 해도 자기 자신이 스스로 자신을 돕지 않으면 안 된다. 나는 힐링예술가로 그리고 작가로 끊임없이 나아가는 사람이 되겠다. 내 숙명, 내 운명을 받아들인다.

04

이제부터 화내는
기술을 익혀라

"나는 화내는 기술을 풀고 배웠다."

잘못된 사랑의 마법을 부리는 듯한

나는 이제 화를 낼 줄 안다. 그것도 아주 긍정적으로!!! 너무나도 일천하고 바닥만 기어다니던 내가 이렇게 글을 쓴다.

책 『꿈꾸는 자는 멈추지 않는다』에서 '단 한 방울이라도 흑인의 피가 섞이면 흑인이다.'라는 대목이 나온다. 그렇다. 이 차별적인 말. 나는 이런 말을 들으면 분노가 치민다. 그래서? 그것이 무엇이 중요하지? 우리는 사람을 판단할 때 실수에 대해 엄격하게 하기도 하고 보여지는 이미지로 많은 것을 판단한다. 노골적으로 대놓고 많은 비난을 많이 받아봤던 나는 뭐 내가 잘못된 사람인 줄 알았다. 그러나 그것은 그 사람의 기준인 것이다. 나는 몰랐다. 나만의 기준을 입이 있는데 왜 말을 못했을까? 이제는 화내는 기술을 익혀 조곤조곤 이야기를 한다. 나를 이상한 사람으로 몰아가기도 하는 그 기준에 반발할 줄도 안다. 그것은 "이봐, 아저씨! 그건 당신의 기준이라고!!"

나는 진짜 갈대였다. '진짜 이럴 수가!'였다. 고등학교 때 글을 쓰는 곳에 동아리를 들고 싶었다. 친구 따라 강남 간다고 친구가 가지 말라고 해서 안 가고 미술부에 들어갔다. 바로 '유채'라는 동아리였다. 선배님께 인사도 잘 해야 하고 벌도 받아야 하고 너무 힘들었다. 그림은 연필로 선을 그리라는데 "어메!" 너무 이상했다. 선 긋는 것조차 떨리고 두근두근했다. 그래도 유화를 그릴 때는 정말 좋았다. 냄새가 독하긴 해도 칠하는 맛이 너무 좋았다. 그때 그냥 글을 쓰는 동아리에 들어갔어야 했는데 지금 너무 후회막심하다. '난 아니야. 난 글을 쓰는 게 더 좋아!' 하고 적절히 거절을 했어야 했다. 그리고 화내는 기술을 아름답고 영롱하게 했으면 좋았을텐데 말이다. 나는 거절과 화를 낼 줄 모르는 경계선 장애인 인간이었다.

희곡 『한 여름밤의 꿈』은 내가 정말 좋아하는 일생일대의 내 가슴속에서 꼭 공연에 올리고 싶고 하고 싶은 공연이다. 나는 국립극장 하늘극장에서 이 공연을 야외에서 봤다. 애플씨어터에서 만든 작품인데 너무나 매료되어서 가슴이 터질 것만 같았고 미칠 것만 같았다. 상상 속에 그리고 희곡 속에서 튀어나온 실제가 나의 힘든 현실을 씻어주었다. 정말 내가 그 속에 있는 것 같았다. 솔직히 18살 때, 대학로에 있는 청소년 극단 〈낭〉이라는 곳에 있었다. 나는 김노운 연출가에게 즉흥연기를 배웠다. 내가 단숨에 매료된 진짜 좋아하는 작품 연극 〈유리가면〉을 보실 수 있게 해주셨다. 나는 그냥 그 주인공 같았다. 단순하게 내가 '배우'를 할 거라고 꼭 하겠다고 생각했다. 지금 생각해보니 참으로 미친 생각을 한 것 같다.

나는 시간만 나면 미술관에 간다. 박물관도 좋아한다. 어릴 때부터 나보고 어머니께서 큰 사람이 되라고 여기저기 많이 데리고 다니셨다. 기억에 남는 것은 '산업디자인'이라고 대학로에서 봤던 전시품들이었다. 아직도 그 전시품이 뇌리에서 지워지지 않는다. 나는 모든 예술 장르를 좋아한다. 즉흥적으로 호기심이 나는 일이 있으면 웬만해서 바로 실행을 하는 편이다. 자그마한 그 어떤 것이라도 얻는 게 있으면 만족하고 그걸로 족했다.

'고슴도치를 사랑하는 남자'라고 지금 TV에서 나온다. 우리 남편은 나를 그렇게 사랑했다. 가시투성이이고 가진 것도 없는 못난 나를 사랑해줬다. 절대 내게 화를 내지 않는다. 아니 내더라도 아름답게 내준다. 그냥 물어본다. "왜 친구랑 연락을 안 해?" 이렇게 물어본다. 나는 "그냥." 이라고 대답해도 이해해준다. "친구는 그러는 거 아니야. 그게 뭐 친구야!"라고 말해준다. 그리고 친구는 다 이해해야 한다고 말하지 않아도 마음으로 느껴진다. 예전에 남편의 친구가 서울에 와서 같이 살았다. 돈도 안 받았다. 그냥 친구니까, 친구가 미용 기술 배우러 왔으니까 받지 않았다. 대인배였다. 나는 남편을 보면서 화내는 기술을 배웠다. 지금도 내가 화가나 사무실 겸 작업실을 차리는데 처음에는 이해를 못 하다가 이해해준다. 내 마음을 알아주고 지지해준다. 화는 이렇게 좋은 쪽으로 해결해야 하는가 보다.

나는 지금 내가 화를 내고 있다. 작가로 모든 것을 풀어낸다. 나는 바위 틈 사이에 피어난 사랑스런 잎사귀다. 이렇게 생각하고 있다. 나는 어제 아이들과 집 앞 놀이터 겸 공원에 놀러갔다. 나는 생각했다. '고마워. 이렇게 아름다운 내 아가들과 남편과 소중한 내 몸이 살아 있다는 게.' 나는 건조하게 글을 쓰고 싶다. 김도사님이 실용서이니깐 건조하게 쓰라고 하는데 도대체 내 몸과 마음이 말을 듣지 않는다. 이 자리에 빌어 너무 죄송하다고 말씀을 드리고 싶다. 나는 최대한 나의 감정을 줄이려고 노력한다. 어디 튀지 않고 책을 쓰고 싶다. 나는 나의 유일한 친구인 〈한책협〉을 알고 나서 긍정적으로 화를 푸는 방법을 배웠다. 그것은 '작가'. 나는 '힐링예술가'이다. 잘하고 싶다. 나는 화내는 기술을 이제 진짜로 안다.

극단 〈도모〉 대표님은 내게 말했다. 엄청난 애가 왔다고! 비아냥이 아니라 자신감을 주고 싶어서 내 얼굴을 보면서 말씀을 하셨다. 나는 춘천에 술자리에 들어가 적극적으로 사람들을 만나고 이야기를 했다. 나는 그냥 그게 좋았다. 모르겠다. 유진규 선생님을 보러 갔다. 나는 기획 공부를 하면서 '춘천마임축제'가 대단하다고 '김숙'이라는 기획자에게 들었다. 나는 감정 조절을 하지 못하고 그냥 즉흥으로 갔다. 어떤 이는 내게 감동을 준다고 이야기했다. 진짜 나를 이렇게 돌아보니까 참으로 말을 잘 듣고 나를 잘 찾는 사람이었다. 말을 못해서 그렇지. 화를 긍정적으로 풀고 있었다. 나는 내 인생이 못났다고 생각했지만 이제 보니까 잘 살아온 것이었다. 당신은 어떠한가? 자신이 이끄는 삶. 화를 긍정적으로 풀고 있는가?

나는 연출전공인 동생이 추천해주어 어떤 단편에 출연했다. 거기서 또 동기 동생을 만났다. 내가 우는 연기는 몸에 배어서 무지하게 노력하고 해내는 것을 한 큐에 보여주었다. 이후 내게 스텝으로 활동하던 동기 동생이 자기 작품에 모자른 부분에 출연해 달라고 했다. 여름 씬인데 겨울에 얇은 옷을 입고 출연을 했다. 나는 잘 헤쳐나가고 있었다. 왜 나는 그것을 몰랐을까? 자신감만 가지고 더 했으면 솔직하게 내 히스토리를 더 털어놓았으면 '배우'가 될 수 있었다. 나는 긍정적인 사람이 되려고 엄청 노력했다. 나는 '배우'가 되어서는 안 되는 사람이지만 나름 절차를 잘 밟고 있었다. 우리 자신을 잃지 말자. 자신이 누구인지 정확히 알고 자신의 일을 잘 헤쳐나가야 한다. 나는 지금 작가가 되어 나를 알리고 싶다. 내가 원하던 일들을 다 이루어나가는 '긍정 신'이 되겠다. 아프고 여린 마음과 화내는 기술을 내기 어려운 분들을 위해 돕겠다.

나는 숨 고르기 한 적 없이 살았다

동기 작품인 단편영화 〈light house〉에서 나는 임산부로 출연한 적이 있다. 바로 그때 우는 연기를 잘해서 이번에는 공포물로 놀라는 표정의 연기를 하는 기회가 생겼다. 나는 항상 겁먹고 다니기에 잘했다. 물론 나의 생각이지만 그냥 그렇게 하는 내가 좋았다. 그렇게 열중하는 나는 그냥 했다. 이유도 없이 그냥 이게 내 삶이라고 생각하고 그냥 했다. 좋았다. 유령처럼 생활하고 다녔지만 이게 나였던 것을 이제야 깨닫고 있다. 나는 지금 동대문역사문화공원역에서 쭈그려 앉아 책을 쓰고 있다. 좋다. '뭔 상관이야?'가 생각난다. 나 여기서 노래를 부르면서 '배우'를 하고 싶다고 노래를 하고 박수도 받았다. 지금 쪼그려 앉아서 책을 쓰니까 노약자석에 있는 할머니께서 앉으라고 자리 많다면서 앉게 해주신다. 따뜻하다. 온정이 느껴진다. 세상이 좋아졌다.

분노 역시
매우 중요한 감정이다

"욕해도 좋아, 벽에 똥칠할 때까지 연기하는 모습을 보여줄 테야."

필사적인 몸부림으로 나는 나를 쟁취했다

나는 '창'처럼 득음을 하기 위해 산에 갔었다. 너무 무시 받고 목소리가
안 나와 홀로 산에 가서 소리도 질러 보고 햄릿 대사도 해보고 그랬다.
오기가 발동해서 보여주고 싶었다. 이건 분노로 가득 찼던 내가 유일하
게 할 수 있는 노력이었다. 아버지는 "제발 산에 가서 소리 좀 지르고 그
래라." 그러셨다. 왜 하필 그 많은 직업에 '배우'를 선택했냐고 하려면 그
렇게 하라고 하셨다. 이전에 '천문학자'가 되고 싶다고 했을 때 그걸 밀어

줄 걸 그랬다고 후회하시는 모습을 연거푸 보여주셨다. 나는 어쩔 수 없었다. 이미 선택했고 나는 '배우'의 길을 걷고 싶었다. 삼류배우가 되어도 좋다. 나는 그냥 '배우' 하고 싶은 한 사람이었다.

"Why so serious?"

영화 〈다크나이트〉에서 나오는 히스 레저의 연기를 아는가? 완벽하게 아주 완벽한 조커 역할을 했던 세기의 배우!! 그는 그런 명연기를 남기고 세상을 떠났다. 그는 언론 노출을 굉장히 꺼려 하는 배우이기도 하다. 나는 이 히스 레저와 많이 닮았었다. 최고의 악역을 연기하기 위해 감정에 압도당했던 그 시절의 트라우마가 아직도 점철되고 있다. 나는 입시 준비를 하는 동안에 참으로 비극 독백을 많이 했던 기억이 난다. 마음속에 분노가 늘 들끓고 있었다. 어디에다 풀 때는 없고 참으로 감정이 어지러웠던 사람이었다. 화와 슬픔을 습관적으로 군데군데 내 몸에 붙여두고 다녔다. 그렇게 거대한 여러 인간 군상이 내 몸과 영혼에 늘 깃들어 있었다. 나는 그런 감정을 잊지 못하고 계속해서 짐을 진 자처럼 꼭 껴안고 살아왔다.

나는 초등학교 4학년 때, 복지관에서 연극을 처음 만났다. 거기서 '신하' 역할을 맡았고, 그 짜릿함은 아직도 잊을 수가 없었다. 나는 매일 출석하고 열심히 연기를 했다. 무대에 서는 순간 아무도 없고 나만의 세상에 서 있는 듯한 황홀한 느낌도 들었다. 지역 케이블방송에까지 나왔으니 너무 좋았다. 그런데 나는 거기서 '분노'를 느꼈다. 출석도 잘 못하고 매번 지각하는 여자아이가 연기상을 받은 것이다. 나는 나름 잘했다고 느꼈었는데 아니었다. 그러곤 다시 무대에 서고 싶다는 열망이 가득했다. 바로 1년 뒤, 나는 국어 시간에 〈베토벤〉이라는 연극을 했다. 나는 주인공을 했고 정말 행복했다. 상대방 대사를 역시 다 외웠다. 피아노 치는 장면에서 대사를 잃어버리는 친구를 위해 안 보이는 방향에서 프롬프트까지 해줬다. 무사히 연극을 마쳤다.

"분노는 살아가는 데 있어 매우 중요한 감정이다."

살아가면서 분노를 느끼지 않고 사는 사람이 어디 있겠는가? 사람은 누구나 분노를 가지고 있다. 그렇기에 이 감정을 어떻게 자신만의 방식으로 조절하고 다루느냐가 정말 중요하다. 요즘 사건 사고가 연일 토픽으로 보도되고 조현병(정신분열증) 환자들이 수두룩하다. 우리는 연신 그런 기사를 일상의 이야기처럼 그냥 흘려듣는다. 빙고! 여기서 이것이 문제이다. '분노가 있더라도 괜찮다.'라니! 이것은 우리 시대의 시급한 문제이고 크게 화두가 될 문제거리이다. 우리는 분노를 처리해야 한다. 이 분노를 현재 자신의 삶에 큰 역동의 에너지로 탈바꿈하여야 한다. 그래야 더 큰 행복의 에너지로 바꿀 수도 있기 때문이다. 내가 그런 것처럼 당신도 할 수 있다.

나는 그때 알았다. '배우'가 내 길이라고 말이다. 초등학교 4학년때의 그 '분노'가 5학년이 되어서 행복하고 강력한 자원으로 탈바꿈하게 되었다. 나는 새로운 내 길을 개척한 느낌이 들었다. 그렇게 세월이 흐르고 항상 TV를 보며 행복해하는 연기자를 보면서 '나도 그 속에 있고 싶다.' 라는 생각을 했다. 뭐가 그리 좋을까? 저렇게 사람들이 발 벗고 도와주는 사람들이 있구나. '여주인공은 좋겠다.'라고 말이다. 이제 와 느끼지만 나는 참으로 환상 속에 살았다. 『이상한 나라의 앨리스』동화 속에 나오는 주인공처럼 말이다. 이제는 정신을 차려본다. 나는 '나를 지키는 뻔뻔한 감정의 기술'을 가지고 있기 때문이다. 나는 이제 현실을 안다. 모든 것이 쉽고 편안해져 간다. 뭐 태생이 선천적으로 현실감이 부족하여 사회에 나오기가 여간 불편하긴 하다. 솔직히 편할 수는 없지만 조금씩 괜찮아지고 있다.

내가 죽더라도 예술은 영원하다

나는 나의 경험을 다른 이들과 나누고 싶다. 내가 '경계선 장애인'인 줄도 모르고 살아온 사람이었다. 자꾸 자신의 인생을 호되게 했던 지난날들을 어떻게 극복했는지 말이다. 나는 책으로써 그리고 강연으로써 그리고 교육 과정의 프로그램을 만든다. 사람들의 아픈 마음을 고칠 때까지 고쳐주는 사람이 되겠다. 나는 죽기 직전의 심각할 정도로 자존감도 바닥이었다. 가난과 투쟁하며 '최민정'이라는 사람의 꿈을 지켜주었던 부모님과 〈한책협〉을 널리 알려주고 싶다. 또 진짜 지식을 쌓는 작업이 얼마나 중요한지를 배웠다. 돈보다 중요한 자신의 목표와 길을 찾을 수 있도록 모두 드리겠다.

당신은 살아가면서 분노를 느낀 적이 있는가? 아니라고 말은 못 하겠지? 나는 늘 분노를 삭이고 삭여 그것이 폭발하면 엄청난 힘을 발휘했던 경험이 수두룩했다. 그러면서 원하는 것을 쟁취했던 경험도 있었다. 조연에서 주연을 차지하였을 때 연극을 했던 아마추어연극회 공연 때도 그랬다. 나는 정말 치열하게 생각하고 덤볐다. 다른 사람이 볼 때는 그렇게 느껴지지 않았겠지만 늘 노력했다. 부족함을 채우기 위해 계속 '나'를 괴롭혔다. 아무리 채워도, 채워지지 않는 갈증에 끝없이 목말랐다. 나의 연기 실력이 들통날까 봐 항상 노심초사했다. 나는 열등감이 너무 많았다. 그것은 감정을 조절하고 통제하면 되는 건데 말이다.

자, 자신을 돌아보자. 그리고 화병 나기 전에 뭐든 이야기해라. 오해가 쌓이면 쌓일수록 더 사이가 멀어진다. 제발 조금이라도 멀어지기 전에 오해가 있었던 분들과 이야기하라. 실수를 할까 봐 두려운가? 〈힐링치유예술공간센터〉에 오라고 말은 안 하겠다. 정말 말하기 편한 분과 이야기하라. 정 답답하면 내게 오고 그저 소소하더라도 당신의 이야기를 들어줄 수 있다. 우리 서로 이야기하자. '분노는 살아가는 데 있어 매우 중요한 감정'이다. 분노로 인해 우리는 자신의 일을 더욱 보람되게 살려고 노력하게 된다. 자, 즐기고 행복할 수 있는 여유를 스스로 만들 수도 있다. 우리의 삶의 질을 위해 양보다 어떠한 그 질적인 가치를 위해 살자. 우리는 느끼고 선택하고 흘러가는 인생의 향기를 맡는다. 자신의 꽃향기를 자신 있게 드러내며 다니자.

06

**감정을 어떻게 다루느냐에 따라
삶이 달라진다**

"나는 늘 새로운 삶을 산다는 기분으로 나를 지우고 새로 만들고 고치며 살아왔다."

다른 사람들한테는 아무것도 아닌데, 나는 세상이 너무 힘들었다

나는 늘 즐거운 생각과 행복한 상상을 했다. 언제나 아름다운 사람으로 힘들 때마다 공상과 상상으로 감정의 오감을 느끼며 나를 통제했다. '감정'이라는 것은 삶을 통제하는 중요한 도구이다. 우리는 이것을 제대로 알고 행동하며 실천해야 한다. 그래야 우리의 삶의 길이 열리고 미래가 열린다. 자신에게 뜻하지 않은 희망과 성취라는 고귀한 선물도 받을 수 있다. 나는 내 사랑을 마음으로 어루만졌다. 금이 갔던 깨질 듯한 유리병에 두 방울 맺힌 물방울을 다룬다. 소중한 감정으로 애틋하게 어떻게든 사랑을 지키려고 노력했다. 여러분도 해라. 그저 감정을 잘 통제하고 다루자. 어떤 일이 있어도 자신의 인생을 지키게 되고 이루게 된다. 내가 그런 것처럼 말이다.

임현정의 〈인연〉이라는 곡이 있다. 나는 너무 이 곡이 좋다. 뮤지컬 〈현정아 사랑해〉에서 조명오퍼로 일하면서 너무나 하고 싶어서 계속 연습했다. 그냥 좋았다. 어쩜 저렇게 잘할까? 나는 무대에 빠져버렸다. 거기서 있는 기분으로 감정에 몰입하곤 했다. 하지만 사람들과 말을 하거나 관계를 할 때는 긴장감이 너무 많이 들었다. 나는 이제 감정을 통제한다. 맺고 끊음이 분명해진 것이다. 이로써 묵은 체증이 내려가고 나 자신은 감정표현이 쉽고 행복한 생활을 하게 된다. 나는 분명히 삶이 달라졌다. 아이 같은 나의 진짜 본 모습인 감정으로 돌아온 것이다. 나는 무척이나 바보스럽고 아이 같다. 무지하게 유아들이랑 잘 논다. 다시는 역할 몰입으로 일상에 지장을 줄 정도로 극적인 감정에 빠지지 않고 살 것이다.

나는 감정을 전혀 느끼지 못하는 사람이었다. 무감정. 아무것도 느끼지 못하면서 나는 느끼는 척을 하는 로봇이었다. 그래야 내가 살 수 있었다. 그래야만 나는 인정받을 수 있다고 생각했다. 나는 사람들 앞에서 "힘들다."라고 절대 말하지 않았다. 하지만 이제는 적극적으로 힘들면 "힘들다."라고 말한다.

『스페인 너는 자유다』라는 책에서는 이렇게 대처했다. 그렇게 힘들고 어처구니가 없는 상황에서 자신을 지키는 선에서 솔직하게 말을 하면서 감정을 통제한다. 즉, 그냥 감정을 바꾸면 된다. 나는 기계 같았던 감정의 노예에서 풀려났다. 나는 내 얼굴을 차마 쳐다볼 수가 없을 만큼 기력이 쇠진되고 나 자신을 학대하였다. 더는 돌파구가 없어서 늘 절벽 끝에 서 있는 기분이었다. '이러다 죽는 것은 아닐까?' 심적 고통을 크게 느끼며 지뢰밭 걷는 심정으로 살았던 것이다. 그 시절, 나는 감정을 연기하면서 나를 풀어냈다. '아, 이런 감정도 있구나.' 하면서 말이다. 나는 사는 방법을 전혀 몰랐다. 경계선 지능 장애인. 그렇게 그 감정에 쑥 크게 빠져들어 큰 문제 덩어리가 되어버렸다. 나는 환상에 중독된 여자. 나는 나를 들키기가 너무 싫었다. 나의 과거와 나의 감정을 말이다. 바로 내 자신! '최민정'이라는 내가 싫었던 것이다. 지금도 나는 나를 부정하는 것이 아닌가 돌아보며 점검하며 감정을 조절한다.

나, 나는 누구인가. 잘 살아가고 있는가? 나는 빤히 또렷이 내 마음을 내 스스로가 거울 보듯 빤히 바라보고 있다. 가슴 속 저미는 일이 끝났고 존재하지 않길 바라면서 오늘도 난 찢겨진 벚꽃을 바라본다. 찢겨져도 본질은 변하지 않는다. 꽃은 그렇다. 나는 바라본다. 그렇다. 우리는 왜 활짝 핀 예쁜 꽃만 바라볼까? 봉우리 지고 피고 지고 다시 꽃이 피듯이 감정도 이렇다. 아파하지 말자. 다시 순환되고 돌아오는 것이 감정이고 삶이다. 이는 자연과 똑같다. 삶은 냉정하다. 하지만 배려도 많이 해준다. 이 선을 자기 자신이 중재를 잘해서 지키도록 하자. 당신의 삶은 분명히 달라질 것이다.

나는 마음이 여리다. '늘 약하다. 여리다. 불쌍하다.'라는 눈초리를 받고 자랐다. 그리고 정말 그렇게 되었다. 이럴 때는 솔직히 그냥 무시하면 되는 거였다. 그럼 된다. '자신의 삶은 자기 것이지, 그 어떤 누구의 것이 아니다.'라는 이야기이다. 자신만의 목표와 자신만의 속도로 가면 된다. 그 이상 그 이하도 아니다. 무대에 서면 '배우'지, 굳이 큰 무대와 화려한 스크린 속에 나와야만 '배우'인 것은 아니라는 이야기이다. 나의 친정어머니는 꿈을 너무 크게 키워주셨다. 인정할 수 없는 그릇된 칭찬과 옳은 칭찬을 구분하셔야 했다. 결론은 감정은 누가 조정해주는 것이 아니다.

자신이 컨트롤해야 할 중요한 마음가짐이라는 소리이다. 자, 감정을 다루자. 자신의 진정한 삶의 지혜와 목표부터가 달라진다.

『갈매기』라는 내가 좋아하는 희곡이 있다. 그 속에 빠져 들어갈 만큼 황홀한 표지의 여배우가 나를 이끈다. 나는 졸업 작품으로 이 작품을 연출한 적이 있다. 솔직히 말도 안되는 일이었다. 학교 관계자들도 그렇게 생각했다. 하지만 나는 죽을 힘을 다해 노력했다. 내 역량 부족이 너무나 드러났고 교수님께서 많이 메꾸어주시느라 고생을 하신 것도 기억이 난다. 나는 단지 그때 그래도 나를 잘 다루었다. 휴학하고 돌아온 내가 누구도 환영해주지 않아도 버텼다. 아파도 내 꿈이라면서 말이다. 나는 욕을 들을 만했다. 그래도 나는 아버지와 약속을 지켰다. 한 길만 파고 끝까지 버티기로!! 그러나 버티는 것도 중요하지만 사람들과 함께하고 즐기는 것이 더 필요하다고 지금 느낀다. 그때 감정을 더 풀고 사람들과 잘 지냈으면 좋았을 텐데 말이다.

적절히 자신의 감정을 조절하면 이렇게 삶을 즐기며 사는 즐거운 일도 하게 된다. 햇살 좋은 바다에 풍덩 빠진 마냥 늘 행복하게 살도록 살면 된다. 작가는 언제 어디서든 장소와 시간을 구애받지 않고 글만 쓰면 된다. 영감만 떠오른다면 할 수 있는 고귀하고도 영롱한 직업이다. 나 같이 세상에 추락한 사람도 작가로 만들어주는 신기한 일이다. 나는 감정 조절을 잘하여 진정한 작가가 되었다. 여린 내 마음에 한 번이라도 꽃 피는 날이 오길 바라며.

내 감정을 어떻게 다뤄야
행복할 수 있을까?

＃ '감정'은 극단적인 것이 아니다.

다채롭고 흥미롭고 자신만이 풍기는 미향과 느낌이 있다. 때론 감정을
맑고 투명한 물방울로도 생각한다. 소리도 없이 기척도 없이 물들이 모
여 살며시 큰 물방울이 되고, 무언가를 창조하고 나타낸다.

마음에 늘 따사롭게 비춰 봉오리진 꽃이 활짝 피어내도록 돕는 햇볕
한 선이 감정이다. 물처럼 맑아 모두 다 받아들이는 것도 감정이다.

최민정이라는 사람은 그동안 극한 감정을 느끼고 선택하고 판단해오 며 살아왔다. 이성은 온데간데 없었다. 가슴만 있었다. 감정이 시키는 일 만 하고 살아왔다. 과거에는 너무 떨려서 아무것도 생각하지 않는 상태 로 혼자 지내곤 했다. 스스로 가슴을 진정시키지 못하고 한 치 앞을 볼 수 없을 정도의 뿌연 안개 속을 헤매듯 무대공포증이 심했다.

그렇게 죽음의 끄트머리에서 자신을 아는 공부가 가장 필요하다는 것 을 알게 되었다. 작가가 되어 꺼져가는 내 생명의 연필과 지우개를 잡으 며 행복한 꿈과 떨림을 알게 되었다.

당신도 표현하지 않고 살면서 나처럼 험하게 살고 있는지도 모른다. 길거리에 그런 사람들을 붙잡고 "안 돼요!"라고 이야기하고 싶다.

오감 이상 그 너머에 있는 신비의 세계, 감정이라는 먹으로 바다를 물 들여가듯 글로 표현해본다. 감정은 이렇게 통제와 질서가 잡히고 조절이 가능한 것이다. 나는 나를 똑바로 곧추 세우고 내 마음을 뚝딱뚝딱 고쳐 반듯하게 뼈대를 잡아본다.

이 에필로그를 보는 당신은 어떤가? 심장을 도려내어 찌르기라도 하여 야 그제야 당신은 마주할지도 모른다. 자신의 참모습을 발견하는 괴로움을 배우게 된다. 자신이 누구인지 진정한 표현을 하나씩 걸음마 떼듯 배우게 된다.

밑 빠진 독은 이제 수리하지 않는다. 깨부수어 재만 남기고 버리기 위해, 풀풀 가루로 날려 버리기 위해 준비 중이다. 바람에 흩날려보자. 날아보자. 후 하고 바람을 타야지. 나는 새로운 곳에 흘러들어가 둥둥 떠간다. 아니, 바람이 팡팡 나를 잡아 빨아들인다.

나는 이제 감정을 움켜쥐고만 있지 않고 나를 있는 그대로 세상에 맡겨보기도 하고, 널리 널리 물결 타고 여행을 하듯 떠나기도 한다. "손에 쥐고 있으면 그만큼 세상을 갖게 되고 다 놓으면 세상을 다 가질 수 있다." 영화 〈와호장룡〉에는 이런 문구가 나온다.

나 역시 내가 가지고 있는 '나'를 있는 힘껏 보여드리려 한다. 진정한 진리를 찾는 내가 되려고 한다. '내가 배울 수 있고 깨달을 수 있는 무언가가 있겠지?'라며 나는 늘 감사히 여긴다.

사회와 단절된 경계선 장애인이었던 나는 더듬더듬 비장애인이 되어 다시 들꽃을 피우려 한다. 나는 들꽃. 감정의 평화가 미세하게 보인다.

모락모락 밥이 다 지어진 것만 같이 작가가 되어가고 있다. 감사하다. 감사하다. 나는 평생 작가를 꿈꾸는 작가다.

우리는 아름다운 생에 태어났으니 존귀하게 죽기를 바라자. 모든 사람들이 나를 보잘것없이 여길 수도 있다. 다만 나는 나 하나로 인해 조금이나마 치유되는 삶이 생기기를 바란다. 꺼져가는 숨 앞에 있는가? 언젠가는 사라질 인생이라는 생각이 드는가? 막다른 길에서 보이지 않는 지푸라기라도 잡고 싶은 심정인가? 그렇다면 잡아라. 찰나의 삶을 살더라도 다른 사람이 아닌 진짜 당신의 삶을 살길 바란다.

2019년 11월 어디쯤…….